Delícias de Chocolate

DELÍCIAS DE CHOCOLATE

—

JEAN-PAUL HÉVIN

TRADUÇÃO:

LEA P. ZYLBERLICHT

Editora Senac São Paulo – São Paulo – 2013

ADMINISTRAÇÃO REGIONAL DO SENAC NO ESTADO DE SÃO PAULO
Presidente do Conselho Regional: Abram Szajman
Diretor do Departamento Regional: Luiz Francisco de A. Salgado
Superintendente Universitário e de Desenvolvimento: Luiz Carlos Dourado

EDITORA SENAC SÃO PAULO
Conselho Editorial: Luiz Francisco de A. Salgado
Luiz Carlos Dourado
Darcio Sayad Maia
Lucila Mara Sbrana Sciotti
Jeane Passos Santana

Gerente/Publisher: Jeane Passos Santana (jpassos@sp.senac.br)
Coordenação Editorial: Márcia Cavalheiro Rodrigues de Almeida (mcavalhe@sp.senac.br)
Thaís Carvalho Lisboa (thais.clisboa@sp.senac.br)
Comercial: Jeane Passos Santana (jpassos@sp.senac.br)
Administrativo: Luís Américo Tousi Botelho (luis.tbotelho@sp.senac.br)

Edição de Texto: Adalberto Luís de Oliveira
Consultoria de Termos Técnicos: Gustavo Toledo
Preparação de Texto: Leticia Castello Branco
Revisão de Texto: Jussara R. Gomes, Leticia Castello Branco, Luiza Elena Luchini
Projeto Gráfico Original e Capa: The Ivy Press Limited
Editoração Eletrônica: Jairo Souza Design

Título original: *Chocolate Heaven*
The Ivy Press Limited
210 High Street
Lewes, East Sussex
BN7 2NS, UK
© The Ivy Press Limited, 2006

Traduzido de *Délices de chocolat*
© Éditions Flammarion, 2006

Proibida a reprodução sem autorização expressa.
Todos os direitos desta edição reservados à
EDITORA SENAC SÃO PAULO
Rua Rui Barbosa, 377 – 1º andar – Bela Vista – CEP 01326-010
Caixa Postal 1120 – CEP 01032-970 – São Paulo – SP
Tel. (11) 2187-4450 – Fax (11) 2187-4486
E-mail: editora@sp.senac.br
Home page: http://www.editorasenacsp.com.br

© Edição brasileira: Editora Senac São Paulo, 2010

Dados Internacionais de Catalogação na Publicação (CIP)
(Câmara Brasileira do Livro, SP, Brasil)

Hévin, Jean-Paul
Delícias de chocolate / Jean-Paul Hévin ; tradução de Lea P.
Zylberlicht. – São Paulo : Editora Senac São Paulo, 2010.

Título original: Délices de chocolat

ISBN 978-85-7359-902-2

1. Culinária (Chocolate) 2. Doces de chocolate I. Título.

09-11758	CDD-641.6374

Índice para catálogo sistemático:
1. Chocolate : Receitas culinárias : Economia
doméstica 641.6374

Sumário

7
PREFÁCIO

19
ORIGENS

29
HISTÓRIA

43
RECEITAS
O chocolate em todas as suas formas *47*, Pâtisserie *81*,
Sobremesas *129*, Pequenas delícias *153*

171
TRUQUES DE PROFISSIONAL
Equipamentos *174*, Técnicas *176*

Glossário *184*
Bibliografia *188*, Endereços *189*
Índice *190*
Agradecimentos *192*

PREFÁCIO

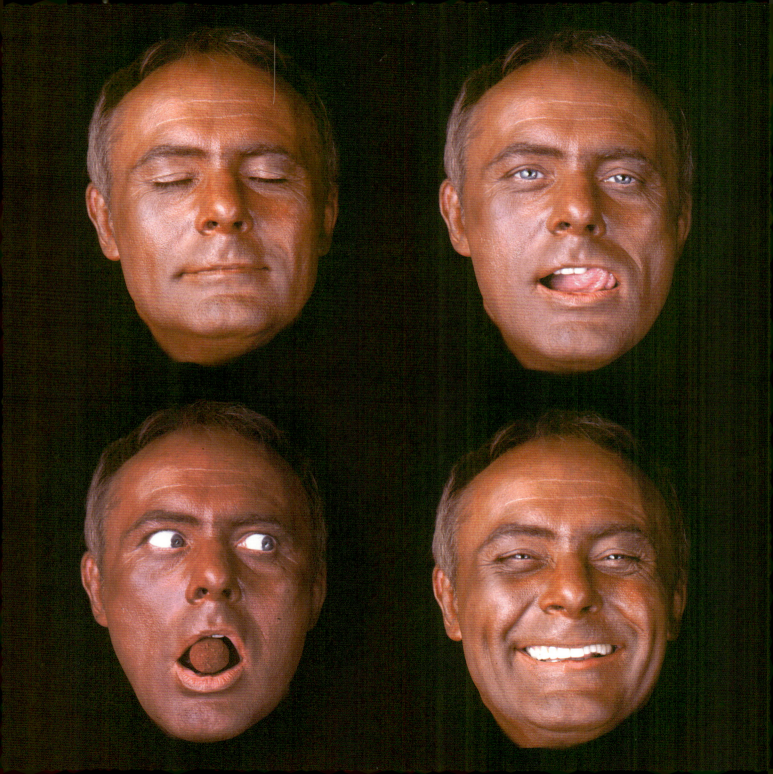

CHOCOLATE, MEU PARAÍSO!

Passei minha juventude em Méral, na Mayenne, onde meu pai, grande apreciador de frutas, foi também durante muito tempo arboricultor. Criança sonhadora, minha maior alegria era ver brotar e desabrochar árvores frutíferas como o pessegueiro. Meu outro grande prazer era apreender com a minha mãe, que amava cozinhar, as indispensáveis habilidades necessárias à realização e ao sucesso de um bom prato. Meu pai era um amante de açúcar, um "bico doce" como se diz, mas, como eram mais complicadas de fazer, as sobremesas eram raras em casa. Ajudar minha mãe e agradar a meu pai – esse era o meu estado de espírito quando, aos 13 anos, preparei sozinho, como um adulto, meu primeiro bolo. Nada de muito ambicioso, é verdade: tratava-se de uma simples torta de maçã! Muito rapidamente, porém, diversifiquei os prazeres e os sabores trocando as maçãs por damascos, pêssegos, peras... No entanto, entre o tempo que passava atarefado ao forno e a hora da sobremesa, chegou o momento de decidir sobre meu futuro profissional. Queria cursar eletrônica, mas como "perdi" a inscrição na escola da minha região, optei pelo estudo da pâtisserie e da chocolataria. Trinta anos se passaram, e ainda hoje sou apaixonado por essa vocação. A profissão de pâtissier-chocolatier se aprende muito cedo. Apaixonei-me por essa disciplina especialmente graças aos meus professores do liceu técnico Robert-Buron em Laval, na Mayenne, os senhores Goupil e Veneau; e, depois, graças a Michel Foussard e Joël Robuchon, ambos Meilleurs Ouvriers de France, e também meus primeiros mestres no ofício. Cada um à sua maneira me fez descobrir o refinamento do gosto. Ao lado deles, eu era como um garoto diante de um pacote de bombons, literalmente fascinado pelo sabor extraordinário de todos esses doces! Sem fazer alarde, diante deles eu memorizava cada detalhe, cada movimento, cada gesto e cada método; depois, à noite, fazia minhas experiências. Ainda hoje, consciente de que elas são o resultado de tantos esforços, mas também convencido de que o talento continua sendo o melhor ingrediente, não deixo de ficar igualmente curioso e admirado diante da preparação de salgados, doces ou chocolates que descubro, quer aqui, quer em viagens aos mais distantes lugares.

JEAN-PAUL HÉVIN

Um retrato todo feito de chocolate: apesar de suas numerosas honrarias, entre as quais a de Meilleur Ouvrier de France em 1986, Jean-Paul Hévin não perdeu seu senso de humor.

Um chocolatier em Paris

Tendo crescido à sombra de árvores frutíferas plantadas por um pai arboricultor doido por doces, o pequeno Jean-Paul cultivava a sua própria horta de ervas como um adulto. Adolescente apreciador da boa mesa, alimentado pelas receitas familiares, ele deu um jeito de não ingressar na escola de eletrônica e focou na pâtisserie. Aos 16 anos, mergulhou na fabricação de doces, sonhava com uma padaria que fabrica pães com especiarias e descobriu que a pâtisserie não é só uma torta. Com o diploma no bolso, consciente de possuir a qualidade do "paladar doce", eis que o ex-aprendiz se empregou como ajudante de cozinha num grande hotel de Paris: Intercontinental Nikko. Ali ele estabeleceu seus primeiros vínculos com a cultura japonesa. Entre 1979 e 1984, Jean-Paul Hévin participou de um grande número de concursos profissionais e gastronômicos, arrebatando todas as láureas, todas as taças, todos os prêmios, até obter em 1986 a suprema distinção: Meilleur Ouvrier de France, categoria "pâtisserie-doçaria". Ele escolheu seu material predileto: o chocolate – único, universal, instantaneamente voluptuoso. Um chocolate que nada tem que ver com os bombons recheados com creme rosa-bebê que ele, criança, devorava nas festas de fim de ano, mas o verdadeiro, o bom, o grande chocolate que deleita o céu da boca e escancara as portas do mundo e do prazer. Os dois anos passados anteriormente em Tóquio, nos laboratórios da Casa Peltier, acabaram por concluir sua formação e informação. De volta à Europa, estabelecido em Paris, Jean-Paul Hévin abriu em pleno coração do 7ᵉ arrondissement, entre a Unesco e os Invalides, sua primeira loja com o nome de Petit Boulé, expressão usada quando a temperatura do açúcar atinge 123 ºC. Em dez anos, ele conquistou a capital francesa com uma segunda e depois uma terceira loja conjugada a uma casa de chá e de chocolates situada na Rue Saint-Honoré, em pleno eixo "tendência-moda". Design e arquitetura, sabores e extravagância: essa mistura seduz e reúne os chocólatras exigentes, os puristas. Principalmente porque Jean-Paul Hévin multiplica as suas audácias com o chocolate – chocolates de aperitivo com queijo, chocolates excitantes e afrodisíacos com gengibre e malagueta, releituras de bons e antigos doces de padaria, como a patate (doce de batata-doce), e sua linha de chocolates prêt-à-croquer Hévin 2. Estilista e inventivo em relação ao cacau, mestre no assunto, venerado pelo Clube dos Amantes do Chocolate – cujo prêmio é o Oscar do cacau –, Jean-Paul Hévin é hoje o rei dos chocolatiers no Japão, onde, desde 2002, dirige um verdadeiro pequeno império da gula, com seus numerosos bares e butiques de chocolate em Tóquio e nas grandes cidades do arquipélago. Discreto, sempre com roupas sóbrias, o olho azul metálico sorridente por detrás de óculos delicados, antiteórico e verdadeiro ourives especialista de um universo delicado, harmonioso e fugaz, esse artista assina o melhor chocolate, que, em suas mãos, torna-se o mais moderno e o mais estético dos sabores.

PARIS, CAPITAL DO CHOCOLATE

Fundado em 1995 em Paris, o Salão do Chocolate é um acontecimento gastronômico de primeiro nível. Nos seus primórdios, era organizado sob as tendas do espaço Eiffel-Branly, onde depois se instalaria o Museu das Artes Primitivas, construído por Jean Nouvel. Após várias edições no Carrousel do Louvre, o Salão do Chocolate de Paris foi transferido, por ocasião de seu décimo aniversário em 2004, para o novo Hall 5 do Parque de Exposições da Porta de Versailles. Assiduamente frequentado por algumas centenas de milhares de visitantes, com edições também em Nova York, Tóquio, Pequim, Rússia e dentro em breve na Espanha, o Salão do Chocolate reúne a cada outono (final de outubro/início de novembro) 150 expositores, entre os quais muitos artesãos e chocolatiers-criadores do mundo inteiro. Entre eles, Jean-Paul Hévin, fiel participante de primeira hora desse show cosmopolita do chocolate, em que o "gratin de cacau" se encontra com a nata da sociedade ligada à moda e à criação. Com suas conferências-degustações, suas demonstrações de receitas de chocolate certificadas por um batalhão de chefs apaixonados, suas exposições temáticas, seu espaço de beleza dedicado às terapias com cacau e suas recompensas concedidas com extremo critério, o Salão do Chocolate não é só uma feira de magistrais eventos gastronômicos – é também um deleite que revela as tendências da mania por chocolate.

A cada ano, portanto, durante cinco dias, o Planeta Cacau gira em torno de seu patrimônio, suas novidades, suas inovações, e se embeleza com alegria, tomando forma de um chocolate fashion show, uma espécie de atração do palco em que desfilam os maiores criadores, estilistas e grifes de luxo, desde Oscar de La Renta até Sonia Rykiel, passando por Agatha Ruiz de La Prada, Chantal Thomass, Courrèges, Inès de La Fressange, Céline ou ainda Paco Rabanne. Tudo começou de fato com uma "chocorroupa" que derrete na boca, imaginada por Bernard Perris para Jean-Louis Scherrer juntamente com a Casa do Chocolate. O sucesso foi absoluto, todos queriam um pedaço. Desde então, quase cem "casamentos *chocomode*" se

Interior de uma butique Jean-Paul Hévin em Paris, concebida pelo arquiteto Alain Gabrielli. Balcões sóbrios, imaculados e contemporâneos: cada butique reflete o gosto pela modernidade e pela elegância sob a grife Jean-Paul Hévin (p. 10).

Paris, capital do chocolate, é simbolizada por uma torre Eiffel de chocolate escuro amargo (ao lado).

inscreveram nas tabuletas (em chocolate dourado) do Salão, dos quais quatro, desde 2001, com Jean-Paul Hévin. Para começar, Hévin e Swarovsky; depois Hévin com os costureiros franceses Gilles Dufur e Dominique Sirop; com a costureira japonesa Miss Ashida; e finalmente com a Casa Paule Ka durante o período de Serge Cajfinger. Cinco casamentos e... nenhuma indigestão. Ainda em suas luas de mel e de cacau, Jean-Paul Hévin recebeu alguns prêmios por suas criações Caraïbe e Ca (categoria "ganache") e pelas suas divertidas chocomensagens inspiradas nos Choco-textos®. Quem disse que a gula não dá dinheiro? Exposto no coração do bairro de Ginza pela primeira vez em fevereiro de 2000, com 14 mil visitantes em dois dias, o Salão do Chocolate de Tóquio é organizado desde 2003 em associação com o Grand Magazin Isetan de Shinjuku, que abriga igualmente um dos inúmeros bares de chocolate Jean-Paul Hévin no Japão. Isso torna o mestre chocolatier parisiense um ator essencial dessa manifestação, organizada de modo voluntário alguns dias antes do dia de São Valentim, festa na qual as jovens japonesas adquiriram o hábito de oferecer chocolate aos homens de sua escolha, de sua família ou de seu círculo de amigos íntimos. Além dos grandes chocolatiers e dos criativos artesãos europeus preferidos dos japoneses, o Salão do Chocolate de Tóquio, desde o início inaugurado tradicional e solenemente pelo embaixador da França no Japão, acolhe oitenta expositores e atrai para suas seções um público cada vez mais vasto e apreciador, curioso em descobrir sabores inéditos e exóticos ao paladar. Amantes de chocolate pouco doce, até mesmo salgado, os japoneses – considerados "virgens" no mercado mundial do chocolate – consomem pouco, mas desenvolvem, à semelhança da moda e da gastronomia, um gosto apurado para o chocolate de luxo assinado e as criações de alta chocolataria. O que se chama "acertar em cheio".

Concebida para casamentos, a peça criada por Jean-Paul Hévin abandona sua tradicional forma redonda e branca para se tornar gráfica e achocolatada. A estrutura em chocolate acolhe tartelettes e bombons para os convidados, enquanto a pirâmide final esconde às vezes uma surpresa para o casal... (ao lado).

O Japão é uma fonte de inspiração muito querida a Jean-Paul Hévin. Ele criou alguns sushis de chocolate para testemunhar sua ligação com o país (p. 17).

Um chocolatier no Japão

Os elos entre Jean-Paul Hévin e o Japão não são o resultado de uma estratégia comercial friamente calculada, nem a materialização fugaz de um efeito da moda. Sua ligação com a cultura, os rituais e os costumes modernos do País do Sol Nascente encontra suas raízes em meados dos anos 1970, quando Hévin foi admitido, na qualidade de ajudante, por Joël Robuchon no Hotel Nikko, um palácio japonês ultramoderno erguido em frente ao Sena, em Paris, e decorado pelo grande designer Pierre Paulin. Um aprendizado decisivo que se estendeu por oito anos. No início, com apenas 20 anos, Hévin fez malabarismos entre a pâtisserie e as artes marciais, mais exatamente o caratê, "para adquirir a precisão e a elegância do gesto", como gosta de frisar. Em vez de tornar-se o Bruce Lee do mil-folhas, Hévin – que acabara de receber do presidente da República, François Mitterand, o vaso de Sèvres que simboliza o primeiro prêmio do Concurso Gastronômico de Arpajon – aceitou voar para Tóquio em 1984 para ser o responsável pelo laboratório junto ao pâtissier parisiense Peltier (cuja casa hoje não mais existe). Da Mayenne para o Japão via Paris, Hévin parecia ter calçado as botas de sete léguas, mas ele, que prefere os hábitos do pequeno soldadinho de chocolate, não se iludiu. Esses dezoito meses passados em Tóquio foram uma revelação, uma primeira etapa no caminho do sucesso. Influenciado até em seu guarda--roupa pelo essencialismo e pelo rigor estético japonês, ele retornou a Paris, voltou para a Casa Nikko, dessa vez como chef-pâtissieur, em seguida adquiriu sua independência. Quatorze anos depois de ter aberto sua primeira butique parisiense, Hévin voltava ao Japão, onde inauguraria sucessivamente uma primeira butique Jean-Paul Hévin no Grand Magazin Isetan de Shijuku em Tóquio – em cada dia de São Valentim, os chocólatras não hesitam em fazer três horas de fila por seu amor ao chocolate; depois, em setembro de 2002, uma segunda butique exclusiva no interior do Grand Magazin Andersen em Hiroshima. Seguiram-se em pouco tempo duas novas butiques, em Kokura e em Hataka.

Contrariamente ao conceito parisiense, esses espaços elegantes e decorados no estilo de *food-halls* dos grandes magazines estão divididos em dois universos: de um lado a cave de chocolates, sombria, sugestiva, mantida a uma temperatura fresca e inundada com uma generosa fragrância de cacau; de outro lado, o bar onde se degustam até mesmo no balcão inúmeras variedades de chocolates quentes preparados na hora, bem como pâtisseries, sorvetes e sorbets à base de cacau. Verdadeira referência da alta chocolataria no Japão, Jean-Paul Hévin é celebridade por ali. Classificado pelo grande jornal diário *Nikkei Shimbun* como um dos primeiros entre os melhores chocolatiers estrangeiros estabelecidos no país, ele foi escolhido pela rede de televisão pública NHK para animar uma série de programas consagrados à pâtisserie francesa.

ORIGENS

O CACAUEIRO

Árvore frágil, com muitas variedades de floração incessante – suas flores são inodoras, efêmeras e hermafroditas –, o cacaueiro só produz uns trinta frutos por ano, cuja forma ovalada evoca uma pequena bola de rúgbi, pesando até 500 gramas. Escuro e bem maduro, o cacau é colhido com uma faca recurva chamada podão duas vezes ao ano, no início e no fim da estação das chuvas, e até três vezes, como na região de Chiapas, no sul do México. Concluída a colheita, é ainda com o podão que cada fruto de cacau é cortado ao longo do comprimento; dos grãos ou favas – vinte a quarenta – será extraída uma polpa esbranquiçada e gelatinosa de sabor agridoce. Essa operação, chamada "quebra do coco do cacau", é a primeira de um processo de transformação ancestral, mas ainda em vigor.

Antes de serem torrefeitas, as favas do cacau "recém-saídas do coco" e ainda esbranquiçadas ficam armazenadas em pilhas durante cinco a sete dias com o objetivo de provocar uma fermentação natural alcoólica e, em seguida, acética, que vai impedir a germinação e favorecer o surgimento do precursor dos aromas, quando o tegumento que envolve naturalmente a fava será dissolvido e seu sabor amargo intrínseco será sensivelmente atenuado. Sem parecer, a qualidade futura do cacau já se esboça nessa fase, à medida que a mistura regular da pilha de favas adquire uma cor avermelhado-escura, característica da condensação dos taninos, e que garante assim a homogeneidade da fermentação. Ainda no campo da colheita, seguem-se as etapas de secagem, efetuada ao sol ou em secadores artificiais, em seguida o ensacamento e finalmente a expedição por via marítima com destino aos grandes portos. Secular, a secagem ao sol prevalece ainda sobre a secagem artificial – em secadores metálicos acionados por ar quente ou em tambores rotativos –, mas estes dois últimos processos tendem a generalizar-se. Será necessário, entretanto, aguardar entre oito e quinze dias para que as favas do cacau, com taxa de umidade em torno de 6% a 7%, fiquem impecavelmente secas. É necessário saber, de qualquer modo, que são necessários vinte frutos de cacau para se obter um quilo de favas secas.

Cultura, colheita, fermentação, secagem: a transformação inicial das favas de cacau parece ter conhecido pouca evolução desde a era pré-colombiana. O mesmo ocorre com a sua torrefação. Durante muito tempo, o único processo para obter uma bebida potável dos frutos do cacaueiro foi secar, torrar, moer e misturar com água as suas favas

As amêndoas crocantes se escondem sob uma cobertura ovalada de chocolate ao leite, de cacau ou de chocolate escuro amargo, que derrete debaixo da língua (de cima para baixo). O formato de grão de café é feito de chocolate aromatizado com café.

ou "amêndoas pecuniárias" – os grãos de cacau eram inicialmente utilizados como moedas de troca. Quem terá sido o primeiro a ter a ideia de torrá-los? Os mais antigos testemunhos que descrevem por que e como se torravam as amêndoas de cacau remontam ao século XVI, mas seria necessário aguardar o século XVII para que a "torrefação do cacau", como evoca Brillat-Savarin, fosse vista não como uma ciência exata, mas mais como "um certo toque próximo da inspiração".

Artesanal, semiartesanal ou industrial, a torrefação do cacau permanece em nossos dias a única técnica que permite separar as amêndoas da casca dura e seca e revelar toda a sua riqueza aromática e gustativa. Com a ajuda do progresso, a simples prática caseira de então transformou-se numa autêntica profissão, em que o domínio da técnica e a habilidade do torrefator se conjugam a cada minuto, a cada momento. É de fato suficiente um instante a mais para que os choques físicos e químicos provocados pela temperatura arruínem a qualidade dos aromas. Etapa crucial para a composição do aroma definitivo do chocolate, a torrefação das favas é feita atualmente com duas técnicas: a torrefação direta, que dura geralmente de 40 a 50 minutos a uma temperatura fixa de $150\ ^{\circ}C$ a $160\ ^{\circ}C$, e a pré-torrefação, que consiste em queimar de maneira brusca as favas com ar quente – o que provoca o descascamento súbito – e fazer a torrefação logo em seguida, entre 20 e 40 minutos a uma temperatura de $100\ ^{\circ}C$ a $150\ ^{\circ}C$.

Rendimento e produtividade: a torrefação da fava ainda com casca cede o passo à torrefação da fava nua. Essa técnica tem a vantagem de aproveitar uma parte não desprezível da manteiga de cacau, que representa cerca da metade da fava.

A primeira fase da transformação das favas de cacau em chocolate, a torrefação – que se faz geralmente muito longe dos lugares de produção – é obrigatoriamente seguida pela fase de "descascagem/trituração": moídas a quente, entre $50\ ^{\circ}C$ e $60\ ^{\circ}C$, as favas são então reduzidas em pequenos pedaços chamados "nadas" e em seguida trabalhadas até a obtenção de uma pasta fluida e amarga chamada "pasta de cacau" ou "massa de cacau", que contém um bom terço de matéria gordurosa. Aquecida em seguida a $110\ ^{\circ}C$, essa pasta de cacau será vertida numa prensa hidráulica e submetida a forte pressão. De um lado obtemos a manteiga de cacau, que contém a maior parte das substâncias aromáticas características do chocolate, e de outro lado uma torta de cacau, ou bolacha, que será por sua vez triturada, esterilizada, pulverizada e peneirada – fala-se aqui de peneiração – para obter o cacau em pó (ou cacau magro). Será necessário especificar? Foi Coenraad van Houten quem inventou esse processo há um século e meio. Uma britadeira industrial pode processar hoje entre 400 quilos e uma tonelada de favas por hora. É também durante essa operação que o chocolatier elabora a sua receita introduzindo o açúcar, as frutas secas, as especiarias, e até mesmo o leite em pó para obter o chocolate ao leite. Quanto mais fina a trituração, mais os aromas serão desenvolvidos e melhor será o chocolate...

Depois da moagem, o material obtido – um produto imperfeito, não homogêneo – ainda não é verdadeiramente o chocolate. A refinação, por uma ação mecânica regular e controlada, consiste então em misturar numa máquina a vácuo, a uma temperatura entre 45 $^{\circ}$C e 90 $^{\circ}$C, durante 24 horas, esse "produto sem consistência". Essa penúltima etapa de transformação do cacau se decompõe em duas fases sucessivas: a primeira é a refinação a seco, que consiste em uma mistura lenta a 80 $^{\circ}$C, destinada a fluidificar o chocolate e a eliminar os últimos sabores desagradáveis; a segunda é a refinação líquida, operação dosada em função da utilização final do chocolate: cobertura, bombom, pâtisserie, tabletes... E tudo sem mudar de misturador.

Sempre realizada mecânica ou manualmente, em especial pelos artesãos chocolatiers, a temperagem é a última operação que transforma o cacau em chocolate. É uma operação fundamental, rápida e meticulosa, cujo objetivo é estabilizar por resfriamento gradual a cristalização da manteiga de cacau. Com uma temperagem benfeita, o chocolate obtido terá um aspecto brilhante e liso, se romperá sem hesitação, produzindo um som claro, resistirá levemente ao contato com os dentes antes de derreter idealmente na língua aos 37 $^{\circ}$C, não sem antes revelar seus aromas poderosos e duradouros. Uma temperagem malsucedida? É o mesmo que mastigar papelão.

Mas a qualidade e o sabor de um verdadeiro bom chocolate dependem somente dessas transformações e de toda a habilidade e a perícia que elas exigem? Certamente: se a cultura e a colheita são medíocres, uma fermentação e uma torrefação bem realizadas são indispensáveis aos aromas; a moagem caracteriza a textura; a receita básica, que é uma acurada dosagem da dupla cacau/açúcar, é primordial para o sabor; enfim, a refinação e a temperagem são essenciais para a textura e a estrutura de um chocolate "técnico".

Além do cuidado empregado nas várias etapas de transformação e de fabricação, um chocolate de qualidade é obtido graças a um sólido conhecimento botânico e também a um faro aguçado. É esse faro que vai guiar o mestre chocolatier para imaginar as combinações de origens variadas e privilegiar os numerosos certificados de origem.

Classificado em três variedades, o cacau produzido hoje ao longo de todo o cinturão tropical classifica-se em: *criollo*, com frutos redondos, carnudos e pouco sobrecarregados de taninos, resultando num chocolate sutilmente amargo, marcadamente aromático e ao mesmo tempo delicado; os forasteiros, caracterizados pelas favas achatadas, adstringentes, cheios de taninos, amargos; quanto aos trinitários, híbridos dos dois anteriores, suas pistas confundem, com favas de formas e tamanhos diferentes, fortemente aromáticos e ligeiramente amargos. Sem distinção, tanto na América Central como na Ásia e na África, cacaueiros úmidos e quentes se desenvolvem em terras não ácidas e não alcalinas, à sombra das grandes árvores tropicais. Um pouco à imagem de um vinhedo, porém, cada região possui suas próprias especificidades. A comparação termina aí: qualquer que seja a sua origem, a fava do cacau não tem nada que ver com um bago de uva. Por outro lado, a variedade do cacaueiros é determinante para se obter um bom chocolate. Há mais de dez anos foi criada uma classificação oficial elaborada em Londres pela International Cocoa Organization visando a identificar as melhores produções de cacaus finos, aromáticos, opostos aos cacaus comuns. Jamaica, República Dominicana, Granada, Trinidad estão em primeiro lugar, visto que a totalidade de sua produção obedece a esses critérios. Costa Rica, Colômbia, México e Papuásia, São Tomé e ainda a Venezuela são igualmente evidenciadas, mas só por uma parte de sua produção de cacau. Hoje as melhores plantações de cacau são as que dão os chocolates obtidos com base nas favas de Trinidad e seus aromas de frutos vermelhos, as favas do Equador com aromas de rosas, as favas da Papuásia com aromas de tabaco ou as favas de Java com aromas de café, todos *criollos*; mas também as finas favas do cacau da Venezuela, as favas gordas e amargas da Guiana, as favas da Martinica, com um sabor levemente defumado, e as favas do Brasil, especialmente procuradas para as misturas.

À semelhança do café com certificado de origem, raros são os cacaus que podem ser degustados puros, o que leva os grandes chocolatiers a praticar no dia a dia uma arte de misturas baseadas em pesquisas de classificações

Esta cobertura de chocolate ao leite é entremeada com avelãs piemontesas, a melhor variedade do mundo.

complementares de cacaus finos aromáticos de origem que visam o equilíbrio perfeito. A receita exige um conhecimento sólido e apaixonado das regiões produtivas, das espécies, das variedades, uma pitada de imaginação e especialmente uma boa dose de bom senso, porque essas misturas nunca serão idênticas à medida que o mestre chocolatier trabalhar a confeitaria, a pâtisserie, as coberturas ou os ganaches. "Fabrico o meu chocolate unicamente 'a granel'", declara Jean-Paul Hévin, "quer dizer, blocos de chocolate semipreparados por diferentes grandes casas de chocolate e enviados diretamente para o meu laboratório de Paris. Meus pedidos mensais são da ordem de uma tonelada de chocolate a granel. Com esse material à disposição, preparo minhas próprias misturas seguindo meu gosto pessoal, minha sensibilidade, minhas receitas, mas também as

criações em curso; e sobretudo a partir de dosagens simples. De nada serve complicar as coisas se queremos obter um bom resultado. O chocolate é uma verdadeira questão de gosto: vários chocolatiers podem utilizar os mesmos chocolates, mas nunca os sabores finais serão os mesmos. É o que torna o chocolate um produto vivo e criativo, um produto que não termina de evoluir!" Fabricado e refinado bem distante das zonas de produção, o chocolate é tanto uma questão de região produtiva como de talento. Da Venezuela para Genebra, da Guiana para Barcelona, do Brasil para Lyon ou de Trinidad para Paris, da fava ao chocolate, o cacau é matéria-prima do mesmo nível que o ouro, o petróleo, o café, o trigo ou a soja. E há 4 mil anos o cacau é a primeira matéria para degustação que se abre para um mundo de volúpias e de prazeres universais.

Bombons de chocolate recheados que, por seu tamanho (40 gramas), fazem o prazer dos gourmands. De cima para baixo e da esquerda para a direita: Petit Boulé (com ganache ao caramelo), Kéops (com massa de amêndoas e pistache), Cao (ganache de chocolate amargo), Zenzero (ganache de gengibre) e Carbonado (pralinado escuro).

HISTÓRIA

Um mundo
de chocolate

Em 1492, navegando para as Índias e tendo errado o caminho, três caravelas armadas por Isabela, a Católica, rainha da Espanha, avistaram a ilha de Guanahani (logo rebatizada de São Salvador), nas Bahamas.

Inúmeras embarcações carregadas com indígenas de pele morena, com as mais amáveis intenções, vieram a seu encontro. Entre as oferendas levadas aos capitães, havia muitas favas de cacau. A bordo de uma das três caravelas encontrava-se o navegador genovês Cristóvão Colombo, convencido de ter alcançado as margens das Índias, e supomos com alguma razão que foi assim que ele descobriu, de modo não intencional, a América. Ele foi o primeiro ocidental a saborear as favas de cacau, sem que isso o tenha emocionado muito. A contrariedade, talvez, tenha tido aí seu papel.

1520. Antigo tabelião, original de Estremadura, o conquistador Hernán Cortez, que participou ativamente da conquista de Cuba, armou uma expedição "pacífica" em direção do Iucatã (atual México), onde o todo-poderoso imperador asteca Montezuma II e seu povo – advertidos por um oráculo sobre a reencarnação eminente do rei sagrado tolteca Quetzalcóatl, deus-jardineiro do paraíso que teria, entre outras coisas, ensinado aos humanos a arte da cultura do cacaueiro e a receita do chocolate – acolheram Cortez e suas tropas espanholas, curvando-se em sinal de respeito. Recebido pelo imperador, que lhe fez as honras de seu palácio, Cortez saboreou o cacau oferecido pelo anfitrião, mas, ofuscado pelos rumores que evocavam incríveis tesouros e riquezas armazenados pelos astecas, acabou por confundir o ouro marrom do cacau-moeda com ouro de fato. Inicialmente crédulos, os astecas não levaram muito tempo para compreender que os visitantes espanhóis não passavam de impostores e, assim como eu e você, não eram reencarnações dos deuses. A missão "pacífica" de Cortez terminou num banho de sangue, com a morte de Montezuma II e de alguns milhares de astecas.

Relata-se que foram os maias os primeiros, no Iucatã e muito antes de nossa era, que se dedicaram à cultura do cacaueiro, ou árvore de casulo de cacau, que eles chamavam "cacau", e cujas favas, também utilizadas como moeda, podiam – depois de fermentadas, torradas, moídas e diluídas em água fria – servir de base para uma bebida escura e amarga à qual ajuntavam-se fécula de milho, mel e pimenta: o *chachau haa*. Conta-se também que os maias haviam encontrado uma salutar utilização profilática para a manteiga de cacau, e que tanto as favas como o cacau serviam de oferendas e como objetos votivos de múltiplas apli-

O famoso chocolate quente, denso e amargo, para ser saboreado no salão de chá de Jean-Paul Hévin, na rue Saint Honoré, em Paris... (receita na p. 132).

cações. Depois dos maias, cuja civilização se extinguiu no século XIII, os toltecas, e depois os astecas, retomaram à sua maneira a utilização e os costumes ligados ao cacaueiro, agora chamado de cacahuatl, e sua bebida de xocoatl – pronuncia-se *chocoatl*. Uma bebida com aroma almiscarado, que hoje se toma com canela ou realçada com pimenta, quente ou morna, era tida como sagrada e afrodisíaca pelos imperadores, a nobreza e os militares. Quanto às favas de cacau, nesse meio-tempo elas tinham se tornado a moeda de troca corrente e oficial em toda a América Central.

De fato, os espanhóis mostraram-se abertamente ávidos por esse cacau-moeda, verdadeira base de todas as riquezas de um Eldorado, cuja conquista avançava de forma selvagem, sob o pretexto da evangelização dos indígenas. Diligenciado por Cortez, o primeiro carregamento de favas provenientes de Veracruz desembarcou na Espanha, em Sevilha, em 1528, não sem que numerosos escritos e testemunhos de uma multidão de missionários dominicanos e franciscanos, chegados nas Américas na esteira de Cortez, dessem grande importância a essa bebida sombria, amarga e diabólica para uns, divina para outros. Os espanhóis foram os primeiros a adoçar o chocolate com o açúcar de cana, ele próprio introduzido e desenvolvido na Andaluzia pelos árabes no século VIII e exportado para o Novo Mundo, onde, por exemplo, os carmelitas de Oaxaca ao México conferiram ao chocolate original uma textura macia, acrescentando-lhe primeiro o açúcar e depois a baunilha. Em Madri, onde o rei Carlos V não conseguia resistir a um bom chocolate, a corte e a nobreza criaram receitas e formas de degustação, líquidas e sólidas, que exigiam um recipiente de porcelana adaptado. E, em poucos anos, o chocolate veio a ser para os espanhóis aquilo que o chá se tornaria para os ingleses. Muito rapidamente o vício pelo chocolate ganhou a terra de Flandres e o sul da Itália, territórios que na época faziam parte do império espanhol, mas foi por meio da rede tentacular de conventos e mosteiros situados na Espanha, na Itália e na Nova Espanha, nas Américas, que o cacau seria difundido na Europa graças aos presentes que os frades viajantes ofereciam a seus soberanos em exercício, tal como Ferdinando I de Médici.

Na Itália a mania pelo chocolate alcançou o delírio: em alguns decênios, Turim, capital do reino do Piemonte, impôs-se como o maior centro de produção de chocolate da Europa, para onde se dirigia uma multidão de pâtissiers suíços, franceses e espanhóis. Em seguida de Veneza, Nápoles e Perugia, o chocolate foi exportado para a Suíça, Viena, Bavária e o Império Otomano. E chegou até o Vaticano, onde os cardeais o degustavam à vontade – o papa decretou que o chocolate com água não rompia o jejum. A França introduziu o uso do cacau em 1615, pelo caminho da Espanha, por ocasião do casamento da infanta Ana da

Áustria com o futuro rei Luís XIII. Seria, entretanto, necessário aguardar vários anos após a chegada da rainha a Paris para que o cardeal Marazin fizesse vir da Itália vários cozinheiros capazes de preparar o chá, o café e o chocolate.

O casamento de Luís XIV com Maria Tereza, ela também princesa espanhola, popularizaria o chocolate, senão na França, ao menos na corte, onde era consumido em quantidades extravagantes, como testemunha Madame de Sévigné.* Droga afrodisíaca ou remédio? Os pontos de vista dividiam os poderes. Entretanto, foi o Rei Sol que concedeu uma carta-patente ao senhor Chaillou, autorizando esse tolosano a comercializar por 29 anos em todo o reino um composto alimentar chamado "chocolate". Inaugurado no coração de Paris, na rue Arbre-Sec, esse comércio seria historicamente a primeira chocolataria francesa. Mais ou menos na mesma época, outro francês atravessou o Canal da Mancha e inaugurou em Londres a primeira fábrica de chocolate como bebida, por ele batizada suavemente de "néctar das Índias". O século das Luzes foi, na Europa, o século do chocolate, cuja degustação e apreciação unânime multiplicaram as fantasias e sugeriam uma lascívia e uma libertinagem fustigadas pelos puritanos. É necessário dizer que o uso e o abuso do chocolate estão ligados às extravagâncias sexuais de algumas perucas empoadas como Casanova, madame de Pompadour, marquês de Sade e madame Du Barry...

As primeiras aplicações do chocolate na pâtisserie remontam a 1774, com uma receita de biscoitos muito leves e atraentes que aparece no índice da obra *La cuisinière bourgeoise* e com a invenção, na Áustria, do bolo de chocolate para ser dividido em pedaços. Quatro anos mais tarde, o francês Doret inventou uma máquina hidráulica, cujo trunfo principal era o de obter – após a moagem das favas de cacau torradas – uma mistura homogênea, purificada e refinada de pó de cacau, água e açúcar. O ano de 1778 marcou, dessa maneira, um acontecimento importante: o surgimento da chocolataria protoindustrial. Num ritmo acelerado, o século XIX introduziria o cacau de todas as formas inovadoras e comerciais, que estabeleceriam a fundação de numerosos impérios do chocolate ainda hoje florescentes. Mas às vezes acontece que a inovação se impõe por uma necessidade: em 1806, os chocolatiers de Turim, vítimas do Bloqueio Continental estabelecido por Napoleão e motivados pela penúria, imaginaram misturar ao cacau as avelãs selvagens do Piemonte, secas e picadas. De improvisação necessária, essa mistura tornou-se a assinatura do chocolate artesanal e em seguida industrial de Turim, e deve seu nome, *gianduia* ou *gianduja*, marionete do folclore popular piemontês chamada Gioan d'la douja, que poderíamos traduzir como "João, o brincalhão", vestido tradicionalmente de marrom.

No fim do primeiro império, depois de terminado o Bloqueio Continental, o consumo de chocolate alcançou

---

* Madame de Sévigné, *Lettres choisies* (Paris: Garnier, 1880). (N. T.)

135 toneladas de cacau destinadas a essa indústria então nascente. Estabelecido desde 1815, o holandês Coenraad van Houten, proprietário da primeira manufatura de chocolate da Europa, patenteou o processo mecânico de prensa hidráulica. Uma máquina para produzir a manteiga de cacau de um lado e o chocolate em pó de outro, que rapidamente veio a ser comprada em Amsterdã por George Cadbury, herdeiro de uma chocolataria familiar e futuro rei do chocolate industrial inglês – coroa compartilhada, é verdade, com os chocolatiers Rowtree e Fry, todos membros da Society of Friends, nome oficial da seita dos quacres. Em 1847, reputada como a maior chocolataria do reino e contando entre seus melhores clientes a Marinha Real – onde o pichel* de chocolate tinha papel importante na ração diária dos marinheiros de Sua Graciosa Majestade –, J. S. Fry & Sons conseguiu, no segredo de seus ateliês de Bristol, produzir o primeiro tablete de chocolate crocante. Três anos mais tarde, Émile Menier, conhecido como "o barão do cacau" e herdeiro de Menier, a primeira chocolataria industrial francesa fundada em 1824 perto de Paris, faria construir por Gustave Eiffel uma usina ultramoderna equipada com a primeira máquina frigorífica industrial. Enquanto isso, em Lausanne, Charles-Amédée Kohler inventava num belo dia de 1830 o "pão de chocolate" com avelãs; depois em Viena, onde a moda de bolos compartilhados atingia o auge, Franz Sacher, pâtissier do príncipe Metternich, imaginou um bolo coberto com geleia de damasco e fartamente recoberto com chocolate escuro, que faria as delícias da alta sociedade vienense e dos viajantes. Símbolo da pâtisserie austríaca, a sachertorte, sem dúvida o bolo de chocolate mais copiado no mundo inteiro, especialmente pelo rival de sempre, o pâtissier vienense Chirstoph Demel, permanecia um assunto de família, e sua receita era mais bem guardada que um segredo de Estado. O que não foi o caso da bûche de Noël (tronco de Natal), do opéra (bolo retangular de café e ganache de chocolate), da marquise au chocolat (bolo cremoso de chocolate meio amargo), dos profiteroles, do pão de chocolate, do fondant de chocolate e outras criações confeiteiras clássicas ou mais contemporâneas. Inventando sucessivamente o chocolate ao leite em tabletes (Daniel Peter e Henri Nestlé, 1875), a máquina de misturar para obter o chocolate fondant, que os colocou à frente da técnica chocolateira (Rodolphe Lindt, 1879), o bloco triangular Toblerone (Jean Tobler, 1899), ou ainda o chocolate Milka e os Rochers® (Suchard, 1901 e 1946), os suíços transformariam o mundo em... chocolate.

No início uma bebida destinada aos soberanos, o chocolate sempre foi um produto nobre. Aqui Jean-Paul Hévin o utiliza para formar uma coroa real ornada de bombons coloridos de açúcar, numa versão lúdica e saborosa.

* Antiga vasilha para tirar vinho dos tonéis. (N. T.)

DA FAVA ORIGINAL AOS CACAUS DO MUNDO

Árvore de porte médio original da América Central e hoje cultivada em todas as regiões tropicais do planeta nas quais a temperatura nunca é menor que 10 °C, o cacaueiro é um espécime frágil que se desenvolve no calor úmido, desde que esteja bem protegido dos ventos por árvores maiores do que ele. O que não é tão difícil, visto que o cacaueiro raramente ultrapassa os dez metros de altura. Sensível à luz direta, à irregularidade das chuvas e também a uma altitude muito elevada, o cacaueiro é cultivado entre bananeiras e inhames – o que não o protege das doenças e parasitas, que provocam a cada ano até 20% de perdas na colheita mundial. Desafio econômico e ambiental, a luta contra a patologia do cacaueiro consome cerca da metade do preço de custo de cada colheita, essencialmente irregular.

O cacaueiro produz um fruto chamado "cacau" – daí o seu nome popular de "árvore de cacau" (*cabezza*, em espanhol) –, cuja forma oblonga evoca a de uma bola de rúgbi e que supostamente teria inspirado a forma da garrafa da Coca-cola. Pesando cerca de 450 gramas, essa fruta contém uma polpa esbranquiçada e ligeiramente ácida, para deleite dos macacos, dos papagaios e dos morcegos, relacionados entre os mais ativos entre alguns milhares de predadores naturais do cacaueiro. A árvore precisou aguardar até 1737 para que o ilustre naturalista sueco Carl von Linné a nomeasse de maneira científica e oficial como *Theobroma cacao* (ou "alimento dos deuses"). O cacaueiro é uma árvore de folhagem persistente, que atinge a maturidade entre 8 e 10 anos e que floresce alegremente o ano todo. Inodoras, efêmeras – só vivem 24 horas – e hermafroditas, 80% das 100 mil flores anuais que brotam num cacaueiro caem antes de serem polinizadas. O que explica a falta de prodigalidade dos frutos, ou cacaus: raramente mais de quarenta por árvore, que se mostra no geral espontaneamente produtiva até a idade de 50 anos. Cada fruto contém entre vinte e quarenta sementes colhidas duas vezes ao ano, no início e no fim da estação das chuvas, de cinco a sete semanas depois da floração, quando o fruto, já marrom, está bem maduro. São necessários vinte frutos para se obter um quilo de favas secas de cacau...

*Mapa da América do Sul,
origem do cacau.*

No século XIX, as duas variedades de cacau mais difundidas eram o caraque (carrak), proveniente da costa de Caracas, na Venezuela, considerado o melhor de todos, e em seguida o cacau das Antilhas, da Ilha de França (hoje Ilha Maurício) e da Ilha Bourbon (hoje Ilha Reunião), mas também o do Suriname e o do Brasil. Na época, para simplificar as coisas, foi sugerido proceder a uma classificação chamada "comercial", estabelecendo uma distinção entre o cacau doce ou cacau bom, e o cacau amargo ou cacau ruim. Baseada nas características gustativas das favas e em seus aromas, a classificação atual, válida em todo o mundo, tem duas categorias: o cacau fino e o cacau comum. Entretanto, atualizada pelos missionários capuchinhos em Trinidad no fim do século XVIII e retomada sem grandes modificações em 1944 pelo agrônomo britânico E. E. Cheesman, a classificação das subespécies de cacau estabelece-se em três grupos "primos":

• O *criollo* é a fava de cacau original dos astecas, proveniente da América Central e, depois, também da América do Sul. Proporciona um cacau muito fino, saboroso e suave. O *criollo* é com certeza o mais apreciado pela chocolataria de luxo, mas sua raridade e alto preço fazem que seja utilizado sob forma de mistura. Historicamente cultivado no México, na Nicarágua, um pouco na Venezuela e na Colômbia, introduzido a título experimental e com sucesso no Ceilão e depois em Java, ele representa entre 8% e 10% da produção mundial.

• O *forasteiro* é proveniente de árvores resistentes às intempéries e aos parasitas, o que lhe valeu o apelido de "robusta do cacau". Originário da Amazônia, cultivado na África ocidental e no Brasil, o *forasteiro* dá um cacau de qualidade média e comum (*bulk cocoa*). Ao cobrir 80% da produção mundial, serve de referência para a cotação do produto nos mercados internacionais, principalmente em Nova York e Londres.

• O *trinitário* é uma variedade híbrida cultivada em todo o cinturão tropical do globo e produz um cacau com alto teor de gordura. Representando até 15% da produção mundial, o *trinitário* é hoje o trunfo dos países africanos como Gana,

Nigéria, Camarões e especialmente Costa do Marfim, líder de produção, com 40% do mercado e cerca de 600 mil produtores. Brasil, México, Equador, Colômbia, Trinidad, Jamaica e por fim, na última década, Indonésia e Oceania produzem o seu contingente de *trinitário*.

No início do século XIX, Venezuela, Equador e Trinidad dividiam entre si o essencial da produção mundial de cacau, dificultada pelas guerras de independência da América espanhola e pelo Bloqueio Continental na Europa. Um século mais tarde, essa produção, que passou em alguns decênios de 15 mil para 100 mil toneladas anuais, provocou o fim da exclusividade das favas americanas. A partir de 1822, as árvores de cacaueiro *forasteiro* levadas da Amazônia pelos portugueses se aclimataram nas terras vulcânicas das ilhas de São Tomé e Príncipe, situadas ao largo das costas do Gabão. Setenta anos depois, esses dois lugares seriam os maiores exportadores mundiais de favas de cacau – o que acabou provocando um boicote internacional pelas indústrias inglesas de chocolate. Em seguida, a Costa do Ouro (hoje uma parte de Gana) se tornaria o maior produtor mundial de cacau. Verdadeiro trunfo político-econômico para os novos impérios coloniais, a cultura do cacaueiro se desenvolveu em Camarões, no Congo Belga, na Costa do Marfim e no Gabão. Depois dos holandeses, os ingleses introduziram o cacaueiro no Ceilão; os alemães fizeram o mesmo em Samoa, onde o escritor Robert-Louis Stevenson, autor do famoso *A ilha do tesouro*, decidira se estabelecer para se consagrar ao cultivo do cacau enquanto tratava de sua tuberculose.

Mercado livre e especulativo, claramente inferior ao do café e do açúcar, o cacau viu seu preço depender da qualidade das favas, das incertezas meteorológicas e até mesmo políticas. O consumo de chocolate e de produtos de chocolate por habitante na Europa e nos Estados Unidos praticamente dobrou depois da Segunda Guerra Mundial e equivale hoje a dois quilos por ano. No alto da lista, os suíços, os ingleses (a indústria do chocolate inglesa é a segunda no segmento alimentar britânico), os alemães, os franceses, os noruegueses, os irlandeses e os americanos consomem 60% da produção mundial de chocolate.

O CHOCOLATE
BOM DE VERDADE

Com mais de quinhentos componentes distintos, o que o torna o alimento quimicamente mais complexo de todos, o cacau viu sua produção dobrar em quarenta anos, para alcançar hoje 3,5 milhões de toneladas anuais. A demanda é crescente em todo o mundo, e se 60% dessa produção é consumida no Ocidente, especialmente na União Europeia e nos Estados Unidos, países como o Japão participam grandemente do crescimento dessa demanda. Se os espanhóis, primeiros consumidores históricos do chocolate na Europa, continuam a apreciar o cacau em sua forma líquida ou em pasta para passar no pão; se os italianos apreciam a *gianduia* e os chocolates confeitados; se os holandeses e os ingleses adoram os *toffees;* e se os belgas têm loucura por pralinados cremosos como os americanos e os canadenses por barras de chocolate recheadas; é evidente que esses clichês abrem uma brecha para um batalhão de finos apreciadores que conhecem o "chocoalfabeto" do Planeta Chocolate na ponta da língua. E redesenham, saboreando, o mapa de degustação mundial do chocolate bom de verdade. Da mesma maneira, os noruegueses –

como os alemães do norte – se afastam, já faz algum tempo, de um consumo de massa dito "útil", para se dedicar aos prazeres dos chocolates fortes em cacau fino aromático. Enquanto os suíços continuam fiéis ao chocolate ao leite, os anglo-saxões, os norte-americanos e os escandinavos se aproximam sensivelmente dos 58% de franceses que preferem o chocolate escuro e amargo, em tabletes. Você sabia que um tablete de 100 gramas de chocolate escuro amargo fino ou muito amargo preenche 30% da necessidade diária de um adulto em minerais como fósforo, potássio, ferro e magnésio...?

Produto especificamente sujeito a controle e padrões quanto à sua produção e seu consumo – majoritariamente sob a forma de produtos industrializados –, o chocolate está desde o dia 3 de agosto de 2003 submetido a uma norma europeia (2000/36/CE) que define que, além da sua origem, cada produto de cacau e de chocolate industrial deve mencionar os ingredientes nele contidos e a sua data de validade. Mas a verdadeira razão dessa norma é a de autorizar os fabricantes a substituir até 5% da manteiga de cacau no produto final por outras manteigas vegetais de

O prazer que o chocolate oferece e suscita é instantâneo, absoluto, incomparável. Ele evoca a infância e cristaliza as lembranças do futuro. Não merece que o atraiçoemos.

origem tropical, como a manteiga de karité (extraída de árvores da savana da África Ocidental), o azeite de dendê, a manteiga de kokum (extraída dos frutos de *Garcinia indica*, da Índia), a castanha de illipé (originária da ilha de Bornéu) ou ainda os caroços da manga, todos compatíveis no plano físico-químico com a manteiga de cacau. É óbvio que mencionar de modo claro e visível na embalagem que o produto de chocolate industrial "contém gorduras vegetais além da manteiga de cacau" já é uma obrigação, mas a prática, largamente utilizada na Alemanha, Finlândia, Reino Unido, Áustria e Portugal, era até então proibida na Espanha, Itália e França. Desde o mês de agosto de 2003, essa interdição é, portanto, proibida, bem como a menção "sucedâneo do chocolate", adotada pelos italianos e espanhóis. Quer seja artesanal ou industrial, um chocolate digno desse nome deve conter ao menos 25% de manteiga de cacau, gordura cuja presença contribui grandemente para a sua textura e sabor, bem como para suas qualidades sensoriais. Reduzida de um quarto de sua taxa mínima, a manteiga de cacau – que não favorece a formação do colesterol – é então completada por

outras gorduras vegetais, certamente compatíveis, mas que aumentam os níveis de colesterol no sangue. Essa adição de óleos vegetais em nome da livre circulação das mercadorias, tendo em conta a cotação elevada do cacau, o rendimento, abre caminho para a mediocridade. Tanto na Itália como na França, milhares de profissionais constituíram um movimento de defesa do chocolate tradicional e conseguiram o direito de produzir e colocar uma etiqueta "pura manteiga de cacau" em seus produtos. Quebrando uma tradição, a União Europeia terá paradoxalmente suscitado a sua preservação. Existem agora chocolates de "duas qualidades". Cada um é livre para escolher um produto de cacau "sucedâneo" ou um chocolate etiquetado "pura manteiga de cacau", mas os puristas são intransigentes: vale mais saborear de tempos em tempos um verdadeiro chocolate tradicional do que engolir diariamente um mau chocolate industrialmente modificado. Evidente que esse privilégio tem um custo, e o verdadeiro e bom chocolate é a partir de agora um produto de luxo. Um luxo carregado de emoções e de talento – o que não tem preço.

RECEITAS

COMO EXECUTAR BEM AS RECEITAS?

As "delícias de chocolate" não existem sem um bom chocolate! Tudo começa com produtos de qualidade. Para que uma guloseima de chocolate tenha êxito é indispensável que você seja intransigente no que se refere à qualidade do produto que adquire. Evite os tabletes de pouca qualidade, chamados "caseiros", "para derreter" ou "para sobremesas"; compre o melhor chocolate da gôndola de seu supermercado, ou, melhor ainda, vá visitar as lojas especializadas, as mercearias finas, os confeiteiros e chocolatiers. Você encontrará uma lista de endereços na página 189. O bom chocolate, aquele chamado "de cobertura", custa sempre mais caro, mas é mais fácil de trabalhar e infinitamente melhor para degustar.

Ingredientes

Os ingredientes necessários para a realização das minhas receitas estão claramente indicados no início de cada uma delas ao longo do livro. Em geral, são encontrados sem dificuldade. A pâtisserie e o trabalho com o chocolate requerem mais rigor e atenção do que a boa cozinha de todos os dias. Leia as receitas com calma antes de executá-las. É necessário retirar da geladeira os produtos refrigerados, tais como a manteiga e os ovos, duas horas antes de utilizá-los. O creme e o leite, por sua vez, devem permanecer refrigerados até o último minuto. As frutas secas conservam-se melhor no freezer do que na geladeira. Na medida do possível, utilize chocolate ou cacau em pó com uma proporção de manteiga de cacau pura próxima daquela que recomendo. Não se esqueça de consultar o glossário na página 184. E lembre também que o bom chocolate é um produto delicado, que detesta os choques térmicos – as mudanças rápidas de temperatura o deixam de "mau humor" e difícil de ser manipulado.

Dificuldade

Muitas de minhas receitas são fáceis de executar, mas algumas requerem certamente um pouco de delicadeza (ou às vezes muita). O nível de dificuldade é indicado no início de cada uma delas.

☺	muito simples
☺ ☺	fácil
☺ ☺ ☺	não tão fácil, requer um pouco de delicadeza
☺ ☺ ☺ ☺	bastante delicada, não recomendada para iniciantes
☺ ☺ ☺ ☺ ☺	difícil, requer um bom conhecimento das técnicas de pâtisserie

A qualidade das matérias primas é essencial para realizar boas receitas. Aqui, avelãs, creme, açúcar, chocolate de cobertura e amêndoas.

O CHOCOLATE EM TODAS AS SUAS FORMAS

Bûche de Noël e Compressões Pascais. Saint-Valentin e "peixes de abril". Frutas recobertas com chocolate e cascas de laranja cristalizadas. Mendiants e design. Epifania e queijos. Presentes e sobremesas. Terça-feira gorda e pequenos chocolates em forma de conchas e frutos do mar. Trufas e rochers. Ovos de Páscoa e pralinados. Coquetéis e bastões de chocolate. Ganaches e doce de batata-doce, a patate. Como na explosão de uma bomba (de chocolate) – desde os incas até o espírito de nossa época – o chocolate se derramou não só sobre as celebrações e festividades importantes, mas também sobre os belos momentos do cotidiano.

Inovações e chocolate

Moda, dietética, alta cozinha, cosmetologia, bem-estar, design: tendo se tornado um alimento ultracontemporâneo, esculpido pelo espírito da época e que ainda não terminou de reinventar a sua própria gulodice, o chocolate é um valor com tendência de forte alta. Na Holanda, a designer Hella Jongerius, conhecida por suas obras iconoclastas e radicais em porcelana de Delft, trabalha o chocolate exatamente como o silicone, vidro ou renda. Em todo lugar, de Milão até Londres, de Munique até Berna, passando por Nova York ou Auckland, abrem-se salões e restaurantes de chocolate onde o cacau, sólido ou líquido, é servido de todas as maneiras. Leve, versátil, da tradição para a inovação, o chocolate se presta a todos os empreendimentos criativos. Será que é suficiente saber captar o espírito da época e dominar a técnica? Diz Hévan: "Os dois parâmetros indispensáveis para a criação e a inovação são a tecnologia de que dispomos e a capacidade de antecipar os desejos e as disposições do paladar. Graças ao micro-ondas e aos processadores a vácuo, a tecnologia permite construir e dosar as combinações dos sabores. Quanto aos gostos, eles são sugeridos sem especulações pelo simples anseio de surpreender a si próprio e aos outros, de divertir os adultos, de conquistar as crianças. É um sentimento ao mesmo tempo subjetivo e universal, ao alcance de todos. Os chocolates com queijo ficaram marcados com o selo da novidade porque foram imaginados como aperitivos". Para Jean-Paul Hévin, a mecânica da inovação não progride sem uma pitada de provocação justificável: os amantes do chocolate gostam de combinar o sabor amargo do cacau com uma baforada de um havana? O mestre chocolatier enrola para eles o charuto de chocolate – uma barra de puro chocolate escuro amargo envolto em pó de cacau e que se come em dez bocados. Os adultos se derretem diante dos pirulitos e gulodices da infância? "O chocolate é tão simbólico na noção do prazer que transformá-lo provoca uma forte comoção. Moral da história: até mesmo uma musse de chocolate pode ser inovadora", diz o chocolatier.

Para o cúmulo de luxo e de refinamento, as caixas são de chocolate escuro amargo ou de chocolate ao leite (p. 46).

Uma audácia de Jean-Paul Hévin: o casamento do chocolate escuro amargo e do queijo roquefort, salpicado com nozes, servido como aperitivo (no alto, à esquerda); em forma de charuto, o chocolate amargo se suaviza após a refeição (no alto, à direita); como uma saudade da infância, Jean-Paul Hévin propõe uma pasta com amêndoas e avelãs a ser passada no pão (em baixo, à esquerda) e pirulitos de chocolate escuro amargo ou ao leite (em baixo, à direita).

TRUFAS

PARA 75 TRUFAS APROXIMADAMENTE

DIFICULDADE : 😊 😊

*Pequenas bolas de ganache de chocolate recobertas
de cacau em pó, as trufas podem ser naturais ou
perfumadas. Embora simples de fazer, os
ingredientes de base precisam ser de qualidade.*

*220 g de creme de leite fresco
270 g de chocolate (56% de cacau) picado em pedaços finos
120 g de chocolate (70% de cacau) picado em pedaços finos
35 g de manteiga amolecida*

PARA UMEDECER AS TRUFAS

400 g de chocolate para umedecer as trufas

PARA ROLAR AS TRUFAS

2 caixas planas, cada uma com 200 g de cacau em pó

Ferver o creme de leite fresco, em seguida deixar resfriar alguns instantes. Despejá-lo sobre ambos os chocolates finamente picados. Misturar suavemente até obter um aspecto liso e brilhante. Se necessário, levar mais uma vez ao fogo, em seguida acrescentar a manteiga. Misturar novamente.

Deixar descansar uma hora na geladeira e uma hora em temperatura ambiente. Moldar pequenas bolas de 1 cm de diâmetro e depositá-las sobre papel-manteiga. Colocar na geladeira por uma hora. Após ter utilizado a técnica da temperagem do chocolate (*ver Mendiants, p. 56*), manter a 31°C e, quando as trufas estiverem suficientemente frias, esquentar o chocolate temperado até 35 °C ou 36 °C.

Com a ajuda de um garfo, mergulhar as trufas uma a uma no chocolate para umedecer. Retirar rápido, bater com suavidade para retirar o excesso e, com um outro garfo, rolar cada trufa numa caixa plana cheia de cacau em pó.

Quando a caixa estiver cheia de trufas, colocar no refrigerador e proceder da mesma maneira com a segunda caixa. Quando terminar a operação, derramar delicadamente as trufas numa peneira para retirar o excesso de cacau.

VARIANTES

Juntar à mistura o conteúdo de uma vagem de baunilha cortada e raspada.

Podemos substituir 100 ml da mistura pelo equivalente de bebida alcoólica de sua escolha, a ser acrescentada no fim (depois da manteiga).

CONSERVAÇÃO

10 dias entre 18 °C e 20 °C, 20 dias a 4 °C; numa caixa bem fechada ao abrigo da umidade.

DEGUSTAÇÃO

A qualquer hora em temperatura ambiente.

FLORES ESCULPIDAS

PARA CERCA DE 4 FLORES

DIFICULDADE : ☺ ☺ ☺ ☺

Você encontrará um rolo de pintura ou uma espátula larga de metal na seção...
"faça você mesmo" das grandes lojas ou numa loja de ferragens. Também
precisará de um termômetro de açúcar ou de uma sonda eletrônica.

Ver também Técnicas de ornamentação: as flores (p. 182) e Equipamentos (p. 175).

100 g de chocolate escuro amargo (70% de cacau)
100 g de chocolate doméstico

TOQUE FINAL
30 g de açúcar de confeiteiro
30 g de cacau em pó

Aquecer uma assadeira para pâtisserie ou a parte de baixo de uma placa para forno. Derreter os tabletes de chocolate em banho-maria a cerca de 50 ºC. Espalhar uma fina camada de chocolate derretido sobre a assadeira com a ajuda de uma espátula ou, melhor, com um rolo de pintura. A última passagem deve ser feita no sentido da largura. Esfriar imediatamente a assadeira no refrigera-dor a 5 ºC. Assim que o chocolate estiver cristalizado, retirar a assadeira e colocá-la num lugar tépido para torná-lo menos rígido (por exemplo perto de uma fonte de calor). Se o chocolate derreter, recomeçar a operação desde o início (com o mesmo chocolate). Recolocar no refrigerador. (*Ver também Técnicas de ornamentação: as flores, p. 182.*)

Raspar o chocolate com a ajuda de uma faca flexível, dar-lhe a forma desejada (leques, rosas ou flores), depois deixar esfriar. Polvilhar a forma final com açúcar de confeiteiro ou com cacau em pó.

TRUQUE
Respeitar cuidadosamente a temperatura indicada. Quando esculpimos uma flor, devemos testar o chocolate com a unha; ela deve penetrar com uma pequena resistência.

Solte a sua criatividade para confeccionar essas
flores divertidas de fazer. Como resistir a essa flor
de chocolate prestes a desabrochar?

PÉROLAS DE CHOCOLATE

PARA 4 A 6 PESSOAS

DIFICULDADE : ☺ ☺ ☺ ☺

Uma apreciação descomprometida, com uma surpresa
no final da degustação sob a forma de toques
ligeiramente condimentados.

90 g de açúcar
20 ml de água
300 g de grãos de anis-estrelado
20 g de manteiga fresca
100 g de chocolate (70% de cacau) picado em pedaços finos

Numa caçarola ou num tacho, aquecer o açúcar e a água até 119 ºC. Acrescentar os grãos de anis e trabalhar o conjunto com uma espátula até obter uma massa branca granulosa. Caramelizar para obter uma mistura brilhante, envolvendo os grãos de anis.

Acrescentar a manteiga fresca e despejar sobre uma folha de papel-manteiga. Espalhar bem e deixar esfriar completamente num lugar seco.

Derreter o chocolate, utilizando o método da temperagem (*ver Mendiants, p. 56*). Aquecer o chocolate até a temperatura de 35 ºC. Verter os grãos de anis sobre o chocolate e misturar bem. Todos os grãos devem ficar envoltos no chocolate. Colocá-los sobre papel-manteiga, em seguida espalhá-los bem com uma espátula de madeira para evitar que colem uns nos outros. Deixar as pérolas de chocolate esfriando durante alguns instantes e conservá-las numa caixa.

As pérolas de chocolate podem decorar bolos
ou integrar uma calda de chocolate
deliciosamente perfumada
com anis.

MENDIANTS

PARA 40 MENDIANTS

DIFICULDADE : ☺ ☺ ☺ ☺

*Temperar o chocolate é elevá-lo a patamares de temperaturas diferentes
para que endureça conservando o seu brilho. O método pode parecer
um pouco perturbador, mas é uma técnica a ser dominada se
você quer se exercitar na arte da chocolataria.*

*200 g de chocolate escuro amargo (70% de cacau) picado
ou de chocolate ao leite picado
Frutas secas (damascos, avelãs, figos, gengibre, amêndoas,
pistaches, uvas-passas brancas...)*

MÉTODO DA TEMPERAGEM

Começar temperando a calda de chocolate (chocolate escuro amargo ou ao leite). Para esse método é necessário dispor de um pequeno recipiente em aço inox para o banho-maria e de um termômetro graduado ou, melhor, de uma sonda eletrônica (*ver Equipamentos, p. 175*).

Deixar derreter suavemente o chocolate em banho-maria, a 45 ºC para o chocolate escuro amargo ou a 40 ºC para o chocolate ao leite. Misturar bem o chocolate derretido. Derramar 2/3 do chocolate sobre uma mesa de trabalho, deixar esfriar até 29 ºC para o chocolate escuro ou 28 ºC para o chocolate ao leite.

Colocar de novo a mistura no recipiente, misturar mais uma vez e levar a 30 ºC para o chocolate escuro ou 29 ºC para o chocolate ao leite, em seguida aquecer levemente o recipiente para elevar a temperatura em 1 ºC. O chocolate agora está temperado e pronto para a utilização. Aquecer o recipiente de tempos em tempos para manter o chocolate na temperatura de 31 ºC a 32 ºC.

Fazer um teste num pedaço de papel-manteiga e colocá-lo no refrigerador: se ele endurecer e tornar-se crocante, está pronto: o chocolate está cristalizado. Isso se chama "curva da têmpera". Mas se o o chocolate parecer estar um pouco quente demais, deve-se temperar mais um pouco ou recomeçar a etapa desde o banho-maria. Quando o chocolate engrossar muito depressa, isso significa que ele realizou uma curva de temperatura muito baixa, e é preciso recomeçar também desde a etapa do banho-maria.

Com um saco de confeiteiro com bico nº 4, fazer formas redondas de chocolate com 3 cm de diâmetro aproximadamente, com um espaço de 8 cm entre elas, em séries de 5 peças. Dar batidas na assadeira para espalhar o chocolate, e dispor por cima bem rapidamente as frutas em pedaços. Resfriar a 16 ºC.

Duas variantes de mendiants: exótica, com pedaços de figo, amêndoas, gengibre e pistaches (no alto), ou então deliciosa, com pedaços de damasco, avelãs, uvas-passas e pistaches (em baixo).

FRUTAS RECOBERTAS COM CHOCOLATE

PARA 20 FRUTAS

DIFICULDADE : ☺ ☺ ☺ ☺

As frutas glaceadas, como as cascas de laranja cristalizadas ou os bastonetes de gengibre, são uma guloseima tradicional para os adultos e podem ser conservadas facilmente durante um mês. Devem ser degustadas no final da refeição com um chá fumado, um chá perfumado tipo Earl Gray ou um bom café expresso.

1 punhado de cascas de laranja cristalizadas em bastonetes
4 colheres (sopa) de chocolate escuro amargo cristalizado

Dispor numa tigela de fundo redondo, para maior facilidade, um punhado de cascas de laranja cristalizadas a 27 ºC.

Acrescentar o chocolate temperado a 31 ºC (*ver Mendiants, p. 56*) e misturar rápido, mas muito delicadamente, com a ajuda de um pão-duro. Todas as cascas devem ficar envoltas no chocolate. Tirar as cascas de laranjas uma a uma e retirar o excesso de chocolate batendo-as contra a borda da tigela.

Colocá-las sobre um papel-manteiga e deixar esfriar durante 5 minutos num lugar fresco e seco para cristalizar.

Essa operação deve ser efetuada muito rapidamente para que o chocolate não endureça.

VARIANTE

Você pode utilizar bastonetes de gengibre cristalizado. O grapefruit cristalizado também é muito bom. Todas as frutas cristalizadas são compradas numa boa seção de pâtisserie.

As frutas em conserva, recobertas com chocolate, combinam o crocante do chocolate e o fondant da fruta. Você pode fazer suas próprias frutas em conserva, a fim de variar os prazeres dos sabores e das texturas (figura ao lado).

Da esquerda para a direita na p. 61: os Trinitanos (pralinados e gianduia recobertos de chocolate encorpado), o Rocher (pralinado ao leite com amêndoas e avelãs e lascas de nugá, recoberto com chocolate ao leite), o Colômbia (pralinado escuro e amargo de amêndoas, avelãs e café), o Montezuma (pralinado de amêndoas e chocolate ao leite), e o Paladino (pralinado de nozes recobertas com chocolate meio amargo).

PRALINADOS

PARA UMA CENTENA DE BOMBONS

DIFICULDADE : ☺ ☺ ☺ ☺

O pralinado* é uma das bases do bombom de chocolate.
A qualidade de um pralinado, seu gosto e sua sutileza são
determinados pela delicadeza com que se
executa a receita.

PRALINADO À MODA ANTIGA
450 g de avelãs
225 g de açúcar cristal
90 ml de água
Óleo vegetal para untar a assadeira

BOMBONS PRALINADOS
675 g de pralinado à moda antiga
65 g de chocolate escuro (70% de
cacau) picado
110 g de chocolate ao leite picado
25 g de manteiga
150 g de amêndoas picadas e torradas

PARA UMEDECER
500 g de chocolate picado, escuro ou
ao leite.

Torrar as avelãs por 15 minutos a cerca de 150 ºC, deixar esfriar, em seguida esfregá-las entre si para retirar a pele. Despejar o açúcar cristal e a água em um recipiente de cobre, de preferência, para melhor distribuição do calor. Cozinhar a 120 ºC.

Juntar as avelãs mornas, revolver com a espátula e levar suavemente a mistura ao ponto de caramelo durante aproximadamente 20 minutos. Atenção: o xarope vai se cristalizar ao redor das avelãs (cuidar para que não queime).

Continuar a misturar com a espátula até que a cor das avelãs caramelizadas se torne bem escura. Retirar imediatamente do fogo.

Distribuir as avelãs em uma assadeira de aço inox untada. Deixar esfriar. Em seguida, picar bem fino em um processador.

Para os bombons, derreter em banho-maria o chocolate escuro e o chocolate ao leite, em seguida realizar o método de temperagem (*ver Mendiants, p. 56*). Misturar o chocolate com o pralinado. Acrescentar a manteiga. Reservar durante uma hora a 18 ºC ou 20 ºC. Com a ajuda de um saco de confeiteiro com bico nº 9, dispor as bolas sobre uma folha de papel. Deixar esfriar durante algumas horas. Derreter o chocolate temperado para a pré-cobertura (entre 35 ºC e 37 ºC) em banho-maria. Com a palma da mão envolta em luva plástica, pegar dois dedos de chocolate temperado, rolar de 1 a 3 bolas de pralinado e colocá-las sobre a assadeira onde previamente espalhamos as amêndoas torradas. Rolar levemente. Reservar por 30 minutos no refrigerador.

COBERTURA E TOQUE FINAL
Em seguida mergulhar uma a uma as bolas de pralinado com amêndoas no chocolate temperado (*ver Mendiants, p. 56*). Retirar com um garfo, dar pancadinhas, deixar gotejar, depositar sobre um papel-manteiga. Resfriar à temperatura de 18 ºC. Podem ser conservados durante 15 dias à temperatura de 18 ºC ao abrigo da luz ou 25 dias à temperatura de 4 ºC ao abrigo da umidade.

---

* Mistura de chocolate e pralinado (amêndoas ou avelãs torradas envoltas em açúcar queimado. (N. T.)

CELEBRAÇÕES E CHOCOLATE

Pagãs, religiosas, votivas ou comerciais: a maior parte das festividades que assinalam o calendário ocidental se origina na celebração das estações, das oferendas às divindades, das festas familiares e domésticas, dos nascimentos às cerimônias fúnebres. Desde o simples biscoito até a sobremesa mais sofisticada, dos doces comuns até a guloseima mais elaborada, a pâtisserie e a confeitaria sempre acompanharam e adoçaram o que se costumava chamar de "passagem". A passagem do inverno para a primavera, a passagem de um ano para outro ou a passagem para o além. Até mesmo a passagem de uma hora para outra, celebrada com a degustação do chocolate quente à tarde, como em Veneza ou em Viena. Quanto ao ano religioso, pontuado por períodos de jejum como a Quaresma, ele se mostra rico em festas açucaradas. Desde o bolo de Reis até a bûche de Noël, durante os doze meses do ano o glutão goza eventos de doçaria e de pâtisserie em que o chocolate exerce papel preponderante. Com esse pretexto, as festas da Páscoa se prolongam graças às vitrines ornadas repletas de sinos moldados como os de Roma, os coelhos dos alemães – que são também um pouco mutantes, visto que, além-Reno, são eles que botam os ovos; sim, é assim mesmo e não de outra maneira –, as galinhas em posição de chocar, ninhos transbordantes e ovos decorados, vazios ou repletos de mil coisinhas para petiscar. Ovos que Jean-Paul Hévin conseguiu dividir e decorar preciosamente para elaborar as suas Compressões Pascais saborosamente iconoclastas. Na mesma época, há também o 1º de abril com seus peixes – os chamados "peixes de abril" – farsantes e brincalhões.

Esses pequenos peixes de chocolate são degustados como guloseimas em 1º de abril.

O peixe de chocolate de Jean-Paul Hévin, por outro lado, entra no rol da brincadeira e é entregue, bem escorado entre seus flocos de chocolate, numa caixa isotérmica. Boa pesca, boa opção que nos permite evitar o arenque defumado. No resto do tempo, nem bem tivemos oportunidade de assimilar e armazenar as calorias obrigatórias da Epifania e do Dia de Reis – dos quais Jean-Paul Hévin produz a cada ano sua versão em chocolate –, e já aparecem os contornos da festa da Candelária com seus crepes e filhós e sua cota de recheios; em seguida vem a terça-feira gorda, quando tudo é permitido: pastéis doces, bolinhos e massas fritas de ovos. Logo depois chega o 14 de fevereiro, dia de São Valentim, que os enamorados celebram entregando-se aos prazeres dos chocolates recheados de bons sentimentos e de histórias românticas. Depois da Páscoa, com seus chocolates moldados em forma de peixes, conchas e frutos do mar e seus pequenos ovos, as festividades seguintes pedem moderação. Começa a fazer calor e a vontade pelo chocolate cai à medida que o termômetro avança para as férias de verão. O que não impede de assinalar o Dia das Mães e o Dia dos Pais com uma marca de cacau, com bombons de chocolate perfumados por um fresco sabor frutado primaveril e, francamente, mais bem recebido do que um enésimo eletrodoméstico ou um barbeador elétrico supersônico. O retorno escolar e a festa de Todos os Santos só moderadamente incitam o consumo do chocolate, e apenas como forma antidepressiva – o "chocolismo" servindo aqui como tutor psíquico. O mês de dezembro, por sua vez, é uma mina inesgotável de pretextos para levar a festa do chocolate até o seu paroxismo, geralmente concentrado e que cobre a semana entre o Natal e o Ano-Novo. A cessação das atividades não vale para todo o mundo, e como "as festas de fim de ano" começam de fato no dia 6 de dezembro – Dia de São Nicolau, tradicionalmente modelado no pão de especiarias – e como o chocolate e o marzipã não param nas vitrines, o trabalho continuará até a Quaresma. De fato, com o pretexto de saborear o que se faz de melhor, tanto em bûches como em bombons, e com o único objetivo hipócrita de evitar as ciladas da noite do dia 24, o mês de dezembro é uma espécie de maratona que lança os chocólatras na pista dos melhores fornecedores e endereços. E, como não existe um indivíduo de pior má-fé em termos de gulodice do que o amante do chocolate, é de boa-fé que ele se entrega ao seu pecado capital favorito. Que deixa de ser um pecado. Não é oficial, mas é admitido. Deus parece ter reconhecido os Seus: a Quaresma continua sendo feita de chocolate.

Ovo com renda de chocolate, especialidade de Jean-Paul Hévin, feito com uma "grade" muito frágil, que engloba mil sabores. Esta modelagem, extremamente minuciosa, requer destreza e paciência.

O OVO DE PÁSCOA

Ao mesmo tempo uma festa cristã com data variável e festa pagã que celebra o despertar da primavera, a Páscoa também marcou, a partir do século XI, o primeiro dia do ano civil durante o qual era costume trocar presentes de Ano-Novo. Símbolo venerado do nascimento do Universo e alimento universal completo, o ovo se transformaria muito rapidamente no objeto e suporte de crenças, oferendas e ditados populares. Iniciada pelos cristãos coptas do Egito no século X, retomada pelos alsacianos cinco séculos mais tarde, a tradição do ovo decorado oferecido por ocasião da Páscoa alcançou o seu refinamento no século XVI graças à nobreza francesa, que fez pintar brasões e paisagens sobre casca de ovos. Entre eles encontram-se os dois ovos famosos pintados por Watteau oferecidos à Mme Royale, filha do rei Luís XV. Na zona rural o ovo de Páscoa se originou no século IX, depois que a Igreja Católica impôs a Quaresma: durante os quarenta dias de jejum, as galinhas, insensíveis aos ditados religiosos, continuavam a chocar. Resultado: um excesso de produção de ovos, distribuídos como oferendas na saída da missa da Páscoa, o primeiro domingo depois da lua cheia que se seguia ao equinócio da primavera. No século XVIII, os maiores ovos postos durante a Semana Santa pertenciam de direito ao rei e eram enviados aos Officiers de Bouche* de Luís XV, que os recolhiam na Île-de-France. Cuidadosamente transportados para Versalhes, esses grandes ovos eram recobertos com folhas de ouro, abençoados e em seguida oferecidos aos cortesãos merecedores. Apesar de a Revolução Francesa ter colocado um fim a essas práticas, a tradição do ovo de

A Compressão Pascal, inspirada pelo artista César, foi criada por Jean-Paul Hévin em 2003. De forma cúbica, ela revoluciona a representação tradicional do ovo de Páscoa.

* Na época, a mais alta distinção da gastronomia francesa. (N. T.)

Páscoa permaneceu fortemente ancorada nos costumes até alcançar seu apogeu com Carl Fabergé, a quem o czar Alexandre III encomendou em 1889 um ovo de Páscoa precioso. O objeto foi executado em ouro esmaltado de branco e continha uma galinha em miniatura, primeira peça de uma coleção continuada por Nicolau II. Quanto ao ovo de Páscoa de chocolate, sua eclosão situa-se no século XVIII, com a ideia de furar cuidadosamente a casca de um ovo de verdade e esvaziar seu conteúdo antes de preenchê-lo com chocolate. O surgimento dos moldes e das técnicas de decoração do século XIX se uniria a essa tradição empírica, mas o primeiro ovo de chocolate gigante foi oferecido à grande Sara Bernhardt por um admirador sem dúvida desanimado com os preços e a demora praticados por Fabergé. Depois, com os sinos romanos dados às crianças, os coelhos alemães que excepcionalmente chocam os ovos, as galinhas francesas e os peixinhos, que aqui não têm nada que ver, os ovos de Páscoa atiçam todas as gulodices. Ornados com fitas, decorados, grandes, vazios ou repletos de pequenos ovos recheados com pralinados, eles saem de sua casca de chocolate escuro amargo ou de chocolate ao leite e fazem a festa quando se quebram.

Assim, em 2003, Jean-Paul Hévin criou as Compressões Pascais, composições surrealistas e cúbicas de ovos inteiros e meias cascas vazias, de todos os tamanhos, trufados com surpresas de chocolate escuro amargo, ao leite e branco. Entre mitos e lendas, o novo ovo de Páscoa, segundo Jean-Paul Hévin, é pura delícia contemporânea a ser saboreada, antes de tudo, com os olhos.

O multiovo é uma criação de Jean-Paul Hévin. Composto por uma meia casca de chocolate cujo fundo é generosamente guarnecido com peixes, conchas e frutos do mar, além de temas de Páscoa, ele é recoberto com ovos de chocolate, também decorados. A cada ano, um tema diferente é contemplado pelo ovo central. Aqui, o vermelho simboliza o renascimento, celebrado desde a Antiguidade.

CLOCHE MOULÉE

PARA 10 A 12 PESSOAS

DIFICULDADE : ⊛ ⊛ ⊛ ⊛ ⊛

Não tenha grandes pretensões e exercite-se preparando sinos pequenos. Eles lhe darão tanto prazer quanto seus irmãos maiores. Quanto maior for o tamanho do molde, maior será a dificuldade. Se você confeccionar um sino (ou então um ovo, um coelho ou uma galinha) de mais de 20 cm, será necessário preencher o molde em duas etapas.

800 g de chocolate escuro amargo ou ao leite, picado fino

MÉTODO DE TEMPERAGEM

Colocar 2/3 do chocolate para derreter em banho-maria a 45 °C. Reconduzir a temperatura para 30 °C a 31 °C, acrescentando o terço complementar do chocolate (*ver Mendiants, p. 56, para o método de temperagem*). O chocolate ao leite necessita ser reaquecido até 30 °C.

MOLDAGEM

Utilizar um molde aquecido a 23 °C. Conservar o chocolate temperado a 31 °C.

Aplicar uma camada de chocolate temperado sobre o fundo do molde com a ajuda de um pincel bem seco. Isso dará um aspecto mais brilhante à moldagem. Assim que a cobertura começar a cristalizar, preencher, com uma concha, o molde até a borda (ou até a metade se estiver utilizando um molde grande), bater ligeiramente para eliminar as bolhas de ar e espalhar corretamente o chocolate. Deixar engrossar sem cristalizar demais. O tempo necessário varia em função da temperatura ambiente.

Virar o molde ao contrário para retirar o excesso de chocolate, dar pancadinhas, raspar as bordas, deixar gotejar sobre uma grelha ou sobre dois pequenos calços durante cinco minutos, raspar novamente e apoiar sobre uma folha de papel, ou sobre uma mesa fria, a fim de terminar de gotejar e deixar endurecer o contorno do molde o mais rapidamente possível, durante 5 a 10 minutos.

Se for utilizado um molde de mais de 20 cm, recomeçar a operação de preenchimento.

Deixar cristalizar o molde no refrigerador a 10 °C durante 30 minutos; o chocolate deverá se retrair sem dificuldade e sair do molde facilmente. Conservar a peça em ambiente fresco e seco a 20 °C no máximo.

TRUQUE

O chocolate é frágil. Para manter sua facilidade de ser trabalhado, é indispensável evitar grandes mudanças de temperatura. Aquecer bem os moldes e os recipientes como indicado, e cuidar que estejam na temperatura mencionada nas receitas. Para reaquecer sem banho-maria e manter a temperatura correta, a utilização de um secador de cabelos é bem prática.

BÛCHE DE NOËL (TRONCO DE NATAL)

Decorado com folhas de azevinho, com poinséttias artificiais e anões de plástico, a bûche de Noël, ou tronco de Natal, é uma especialidade confeiteira e sazonal típica da França, mas que os próprios franceses adoram detestar. "Tronco e emboscada":* de hábito tão rápidos para reivindicar a paternidade desse ou daquele doce, nossos caros pâtissiers torcem o nariz assim que lhes perguntamos quem foi o inventor desse bolo. Parece que imitar a casca de uma árvore e nela plantar alguns cogumelos cobertos com massa de merengue é definitivamente vergonhoso. Símbolo de proteção e amuleto da sorte durável, o tronco é uma tradição que remonta aos celtas, que celebravam a Yule, ou festa do solstício de inverno, queimando-o; suas chamas representavam o renascimento do Sol. Retomado pelos cristãos para a festa de Natal fixada em 25 de dezembro a partir do ano 354, o pedaço de tronco será queimado a cada ano, a partir de então, na noite do dia 24. Quanto às cinzas, elas eram dotadas de todas as virtudes, e as brasas, ainda incandescentes, colocadas entre os lençóis, não os queimavam (!), traziam paz às famílias, fortuna e harmonia. Pelo menos representava uma bela chama de alegria. Mesmo para testar a solidez das tradições e os nervos das donas de casa, é desaconselhado fazer o mesmo com os restos de um tronco de uma pâtisserie moderna. Foi na região de Franche-Comté, no início do século XIX, que se começou a escavar a madeira de um tronco para ali colocar guloseimas destinadas às crianças, o que fez que o pedaço de tronco fosse levado da lareira para a mesa; mas foi em Paris, em 1834, que o tronco confeiteiro foi inventado por um dos pâtissiers da Vieille France, venerável casa de outrora situada na rue de Buci, no coração de Saint-Germain-des-Prés, hoje estabelecida no 20º arrondissement da capital. Permanecendo anônimo, esse glorioso aprendiz foi o primeiro a expressar a ideia de reproduzir o tradicional tronco votivo de madeira numa sobremesa de Natal, cujo aspecto da casca era reconstituído com um creme de manteiga de chocolate. Cinquenta anos depois, o livro de receitas do grande chocolatier Félix Bonnat revela uma receita de tronco de pâtisserie com ganache de chocolate, invenção lionesa que remonta a 1860. Enquanto isso, os puristas teriam decretado que o verdadeiro tronco de Natal deve ser feito não à base de pão de ló enrolado da forma vienense, com geleia, mas com pasta de castanhas. Antes rivais, castanhas e chocolate finalmente andam juntos em nome da mesma causa – a gula –, e a sua saborosa aliança é um clássico dos sabores do tronco...

* *Bûche et embûche* (tronco e emboscada), jogo de palavras no original francês. (N. T.)

Um tronco de Natal mais verdadeiro que o natural!

TRONCO DE NATAL

PARA 6 A 8 PESSOAS

DIFICULDADE : ☺ ☺ ☺

BISCOITO MACARON

6 claras de ovos (190 g)

15 g de açúcar

50 g de açúcar

100 g de amêndoas em pó

50 g de farinha de trigo T45

80 g de açúcar

GANACHE

280 g de creme de leite fresco

17 g de cacau em pó (facultativo)

280 g de chocolate de sobremesa (53% de cacau) picado

190 g de manteiga amolecida

Bater suavemente as claras em neve com os 15 g de açúcar. Acrescentar pouco a pouco 50 g de açúcar e adicionar o restante no final. Bater as claras em neve não muito firme. Misturar com rapidez.

Peneirar as amêndoas em pó, a farinha e o açúcar. Polvilhar sobre a mistura e mexer delicadamente com a escumadeira.

Dispor a preparação sobre uma assadeira recoberta com uma folha de papel-manteiga de 30 cm x 40 cm e espalhar com uma espátula para bolo.

Assar no forno a 170 ºC durante aproximadamente 17 minutos. Verificar a cocção do biscoito com os dedos – ele deve resistir um pouco à pressão. Deixar esfriar.

*Esta receita tradicional não é difícil, o bolo conserva-se
facilmente durante 4 dias e agradará a muitos. Um pouco
demorada, ela pode ser realizada em família, resgatando
a convivência das festas de fim de ano.*

Para o ganache, ferver o creme de leite fresco numa caçarola com o cacau em pó, misturando com o batedor. Cuidado! Se o chocolate queimar, a mistura deve ser descartada. Retirar do fogo após a fervura. Deixar esfriar a 65 ºC.

Despejar o creme de cacau quente sobre o chocolate picado e misturar suavemente com o batedor. Deixar esfriar a 26 ºC. Incorporar delicadamente a manteiga amolecida.

Preparar a montagem. Reservar um terço do ganache para o toque final. Virar o biscoito macaron sobre uma grelha e soltar o papel. Recolocar o papel sobre o biscoito e virar o macaron no sentido original.

Depositar os dois terços do ganache sobre os biscoitos e recobri-los com o creme, utilizando a espátula.

Com a ajuda do papel-manteiga, rolar o biscoito, em seguida envolvê-lo completamente no papel. Deixar repousar durante 3 horas no refrigerador a 4 ºC.

TOQUE FINAL

Retirar o papel. Depositar o restante do creme ganache sobre toda a superfície e desenhar a casca com o garfo sobre a parte arredondada do tronco. Alisar a parte vertical com a espátula. Usar a sua criatividade para os toques decorativos finais (*ver Técnicas, pp. 181-183*).

BOLO DE REIS

Do grego *epiphaneia* ("manifestação"), a Epifania anuncia o nascimento de Cristo aos pastores e aos Magos. Durante muito tempo considerada mais importante do que o próprio Natal, a data de 6 de janeiro, que é também o aniversário do batismo do Cristo, marca a apresentação de Jesus aos Magos vindos do Oriente até Belém. Lá, num humilde estábulo, Melquior ofereceu como presente o ouro; Baltazar, o incenso; e Gaspar, a mirra. Doravante submetidos às exigências do calendário mercadológico, os Magos são celebrados geralmente desde o primeiro domingo depois do Ano-Novo até o fim de janeiro. A tradição exige que uma mão inocente, se possível aquela do mais jovem dos convidados, tire ao acaso cada uma das fatias cortadas desse bolo sacrossanto – que no norte da França chama-se "galette" (bolo chato e redondo) e no sul, "coroa". Uma (às vezes duas) delas contém a famosa fava do bolo do Dia de Reis. Existem na França dois tipos de bolos de Reis: no sul, e desde a Idade Média, trata-se de um belo brioche em forma de coroa recoberto com frutas cristalizadas e cristais grossos de açúcar. No norte e em Paris, esse bolo é um disco de massa folhada seca ou coberta com frangipana. A frangipana, uma mistura de creme de confeiteiro com creme de amêndoas, foi introduzida na corte da França em 1533 pelos pâtissiers florentinos de Catarina de Médici. Não desagradava a esta última que se confundisse o perfume de amêndoas amargas com aquele do cianeto – veneno do qual ela fazia uso virtuoso, se acreditarmos nos rumores históricos. Se a coroa provençal e a da Languedoc, aqui prima-irmã do pão-coroa da Epifania espanhola, sempre "serviu" aos Reis, não aconteceu o mesmo com o bolo parisiense folhado. Com efeito, o primeiro bolo de reis, que não passava de um humilde bolo seco polvilhado com amêndoas em pó, era especialmente objeto de uma difícil batalha judiciária entre a poderosa corporação dos padeiros, que se fortalecia com o envio de um bolo magnífico todos os anos para o rei, e a ambiciosa corporação dos pâtissiers, que se desesperava por ser privada de oportunidade tão prestigiosa. Ao se tornar massa folhada por força das circunstâncias culinárias, receptivo à frangipana desde 1732, o bolo de Reis parisiense duplicou, em 1874, a sorte ao acrescentar uma fava temática em porcelana branca representando o menino Jesus, objeto de coleção caro aos colecionadores de favas. Esse tema, que assume hoje todas as formas, veste-se de cores e também de ouro, e às vezes é pensado por um designer ou um estilista. Vendida com uma ou duas coroas de papelão dourado recortado – uma para o rei e outra para a rainha – o bolo de Reis, disco dourado que representa à sua maneira o Sol, divide-se em tantas partes quantos forem os pretendentes ao trono mais um, destinado ao pobre ou ao ausente. Nem é preciso dizer que nossa civilização urbana não deixa nem uma migalha.

BOLO DE REIS COM CHOCOLATE

DOIS BOLOS PARA 6 PESSOAS

DIFICULDADE : ☺ ☺ ☺ ☺ ☺

CREME DE AMÊNDOAS

60 g de manteiga amolecida

60 g de açúcar cristal triturado e peneirado

60 g de amêndoas em pó

2 ovos

5 g de baunilha líquida natural

15 g de tablete ou de pastilhas de chocolate (80% de cacau) muito bem picados

MASSA FOLHADA DE CHOCOLATE

125 g de farinha

15 g de manteiga

5 g de açúcar

50 ml de água

1 pitada de sal

30 g de iogurte natural

MANTEIGA PARA A MASSA FOLHADA DE CACAU

120 g de manteiga amolecida

10 g de cacau em pó

10 g de açúcar de confeiteiro

PARA DOURAR

2 ovos batidos

CALDA

40 g de açúcar cristal triturado e peneirado

20 g de água

TRUQUE

O creme de amêndoas deve sempre ser preparado no último momento a fim de conservar a leveza obtida com a manipulação. Um bolo leve depende disso.

Com a ajuda de um batedor, misturar a manteiga, o açúcar e as amêndoas em pó. A mistura deve ficar mais clara.

Incorporar os ovos pouco a pouco. Acrescentar a baunilha líquida e em seguida o chocolate picado e guarnecer o bolo.

Proceder ao método de preparação da massa folhada de chocolate (*ver Mil-folhas, p. 110*). Realizar cinco dobras simples. Deixar a massa repousar no refrigerador durante 2 horas.

*Este maravilhoso e autêntico bolo de chocolate marca
deliciosamente o início do ano por ocasião da Epifania.
Comece a prepará-lo com dois dias de antecedência.
A massa dura facilmente de 2 a 3 dias no refrigerador.
Não esqueça de colocar a fava (leia sobre isso na p. 76).*

Depois de fria, cortar em quatro a massa folhada, moldar quatro bolas, achatá-las e recobri-las com papel-filme. Em seguida deixar repousar no refrigerador durante uma hora.

Com o rolo, estender as bolas, uma de cada vez, para formar quatro fundos circulares de massa com um diâmetro de 20 cm. Conservá-los sempre que possível no refrigerador enquanto trabalha.

Utilizando um pincel, umedecer com água o contorno de dois dos fundos de massa e guarnecer com creme de amêndoas, evitando o contorno umedecido. Introduzir uma fava em cada fundo.

Recobrir cada fundo guarnecido com um segundo fundo de massa, eliminar bem o ar entre o fundo e sua tampa de massa. Soldar cuidadosamente as bordas da massa. Deixar durante uma hora no refrigerador, virar o bolo. Dourar com o ovo, pincelando-o. Fazer os riscos sobre o bolo com uma faca, sem forçar muito. Deixar repousar durante três horas no refrigerador.

Colocar no forno a 170 ºC durante 50 minutos. Ao retirar do forno, verificar bem o cozimento, erguendo ligeiramente o bolo para avaliar o cozimento da massa folhada. Podemos congelar os bolos não assados (pôr no forno diretamente durante uma hora ao retirar do congelador).

Numa pequena caçarola, preparar uma calda com o açúcar cristal triturado e peneirado e a água. Espalhar com um pincel logo que retirar do forno.

Degustar o bolo morno.

TRUQUE
A ponta da faca deve ser bem afiada para marcar suavemente a massa, de modo que o cozimento faça ressaltar a decoração.

*O bolo de Reis com chocolate, uma exclusividade
de Jean-Paul Hévin (p. 77).*

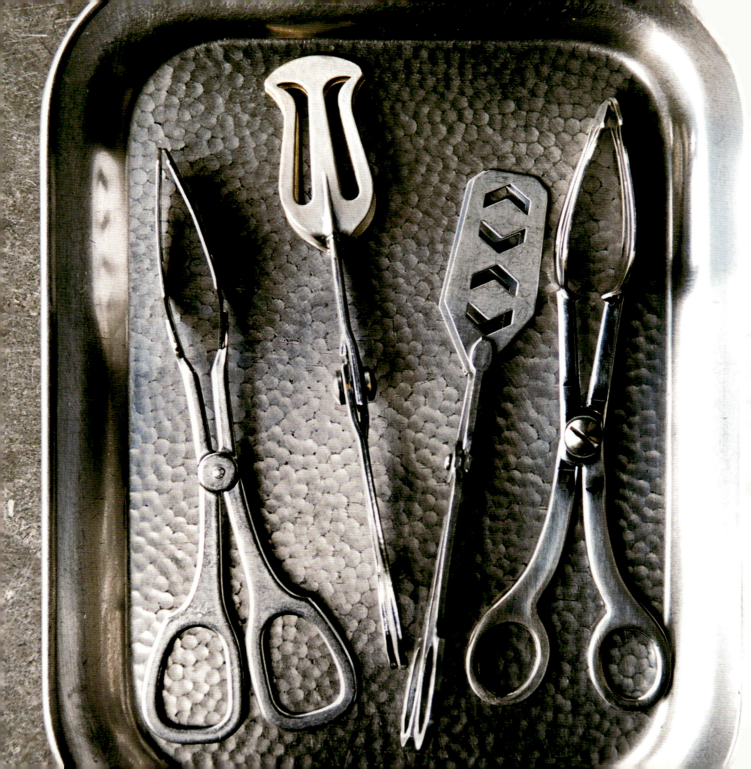

Pâtisserie

"Inovar na pâtisserie muitas vezes significa transformar algumas antigas receitas, como a da batata. Esse doce saboroso consiste num pudim inglês envolto em marzipã e rolado no cacau em pó. Por substituir o pudim por um biscoito de chocolate guarnecido com ganache misturado com cascas de laranja cristalizadas e passas curtidas no rum, o marzipã por uma fina camada de pasta de amêndoas, e o chocolate em pó por cacau amargo, o bom e velho doce de batata-doce de padaria, renovado com esses ingredientes, atraiu numerosos adeptos entusiastas."

INOVAÇÕES E PÂTISSERIE

Definida simplesmente como a arte de preparar doces, a pâtisserie se distingue da arte culinária pelo uso do açúcar, alimento doce e agradável, extraído do suco da cana-de-açúcar, que foi utilizada primeiro pelos árabes, seguidos dos venezianos. Um açúcar que teria formado as bases e refinado os paladares da pâtisserie clássica e moderna. Entre uma euforia culpada e proibições agradáveis, entre gulodice colegial e cerimônias sentimentais, a pâtisserie é uma ciência da construção de sabores e texturas tão intensa que se tornou impressionante e elitista por sua criatividade sem limites, como uma manifestação íntima de ternura que sempre surge na infância. Das madeleines ao Mont-Blanc, passando pelo safi, a pâtisserie – segundo Jean-Paul Hévin – se distingue das sobremesas por seu trabalho, pelo tempo de espera imposto entre preparação e degustação. Para aqueles que desejam ardentemente mergulhar a colher ou dar uma boa mordida, a pâtisserie é uma doce tortura, um suplício suave. Condenado a uma sede e fome insaciáveis, Tântalo terá certamente sofrido menos que um guloso tentado, palpitante, exasperado pela promessa de um mil-folhas cuja natureza versátil obriga a uma degustação imediata.

Por mais tempo que leve sua preparação, uma obra digna de pâtisserie facilmente se conservará entre dois e cinco dias. O que não acontece no caso do mil-folhas, uma pâtisserie tão mutável que a colocamos no capítulo destinado às sobremesas, doces fáceis de preparar e rápidos para servir, mas que podem também servir de lanche, da mesma forma que os produtos de pâtisseries. Se há Proust e suas madeleines, será preciso daqui em diante incluir o paradoxal e kafkiano mil-folhas. Por fim, os produtos de pâtisserie são em geral distribuídos no comércio por meio de estabelecimentos igualmente chamados "pâtisseries". O que é bem prático para vender os doces "elaborados", mas também os biscoitos, as viennoiseries (cujo processo de fabricação se aproxima da panificação, mas com ingredientes mais gordurosos: leite, creme, ovos, manteiga), os bombons e as tortas de frutas. Muitas vezes os produtos de pâtisserie também recebem o reforço da chocolataria e acabamos por encontrar, na verdade, chocolates e doces de chocolate "elaborados", biscoitos de chocolate, pães recheados com chocolate, bombons de chocolate e tortas de chocolate, mas também produtos de pâtisserie sem nada de chocolate.

A calda de chocolate acompanha um doce feito com especiarias e mel (no alto da página, à esquerda), ao mesmo tempo que é o ingrediente indispensável do típico brownie americano (no alto da página, à direita). A madeleine de chocolate é ligeiramente perfumada com mel, renovando esse pequeno doce tradicional (em baixo, à esquerda). Por fim, o chocolate em pó é usado para decorar o nugá (em baixo, à esquerda).

História das Madeleines

"[...] levei aos lábios uma colherada de chá onde deixara amolecer um pedaço de madalena. Mas no mesmo instante em que aquele gole, de envolta com as migalhas do bolo, tocou meu paladar, estremeci, atento ao que se passava de extraordinário em mim. Invadira-me um prazer delicioso, isolado, sem noção de sua causa." Sob a pena de Proust, a madeleine, esta "pequena conchinha de pastelaria, tão generosamente sensual sob sua plissagem severa e devota"* tornou-se o biscoito preferido na literatura. Um biscoito roliço e macio à base de farinha, açúcar, ovos, manteiga derretida e limão, cuja forma em concha e o nome dividem os historiadores – o que de forma alguma impede os gulosos membros da Confraria da Madeleine de se reunir todos os anos para discutir a respeito.

Uma primeira versão oficial situa o nascimento da madeleine em Lorraine, mais exatamente em Commercy, onde o rei Estanislau, soberano polonês em exílio, nomeado duque de Lorraine por seu genro Luís XV, tinha acabado de gastar uma pequena fortuna reparando o castelo local. O fim das obras bem merecia um banquete, e Estanislau ordenou um grande almoço – que quase não deu certo, porque o chef dos ajudantes de cozinha brigou violentamente com o chef confeiteiro. Este, ébrio de fúria, retirou seu avental e deixou a todos sem sobremesa. Situação difícil para Estanislau, porque o palácio real, onde pratos finos eram apreciados, já havia iniciado a moda do baba, um doce embebido em rum. Foi preciso contar com a presença de espírito de uma ajudante de cozinha chamada Madeleine, que, rapidamente, quebrou alguns ovos e fez o único doce cuja receita lhe havia sido ensinada pela mãe. E, para dar mais peso a este relato, Commercy ainda hoje é a cidade que mais produz madeleines, uma pâtisserie que se tornou muito popular e que parece não sair de moda. Entretanto, a madeleine não é mais o apanágio das

---

* Marcel Proust, *Em busca do tempo perdido*, trad. Mário Quintana (São Paulo: Globo, 2006), p. 71. (N. T.)

cozinhas reais. Sua produção industrial parece aumentar constantemente e a colocou, há muito tempo, ao alcance de todos. No entanto, é melhor entrar em boas pâtisseries se quisermos saborear plenamente essa guloseima.

Mas voltemos a suas origens. A segunda versão do aparecimento da madeleine seria parisiense e diz respeito ao senhor Avice, cozinheiro de Talleyrand, que teria tido a ideia de assar seus bolos quatro quartos (farinha, açúcar, leite e ovos) dentro de formas de carne ou peixe em gelatina. Uma origem plausível, mas menos saborosa. Assim como a história muito simples de que a madeleine teria sido um produto de pâtisserie do Palais-Royal em Paris. Uma quarta versão a considera uma herança votiva dos grosseiros brioches medievais produzidos em forma de conchas e oferecidos aos peregrinos que percorriam o caminho de Santiago de Compostela, durante sua parada não longe de Chartres, em Illiers-Combray. A mesma aldeia onde Proust passou algumas férias antes de ali escrever *O caminho de Swann*. A arte da madeleine, ou como fechar o ciclo.

Hoje, e mais do que nunca, voltando a estar muito em moda, a madeleine é um amor de biscoito a degustar quando bebericamos chá, "duas harmonias em perfeito acordo", café, chocolate quente, mas também cidra, champanhe, vinho branco espumante. Para alguém um pouco mais glutão, a madeleine acompanha maravilhosamente bem as compotas e geleias de frutas vermelhas. Framboesas, amoras, groselhas... Um fragmento autêntico de poesia e de história, a madeleine significa para Jean-Paul Hévin "uma doçura com coração terno, um coração cremoso com chocolate, especiarias, caramelo". La crème de la crème, portanto...

MADELEINES

PARA 20 MADELEINES GRANDES

DIFICULDADE : ◎ ◎

Ah! As madeleines... elas fazem sorrir e sonhar, ao mesmo tempo que acompanham com perfeição uma taça de chá de sabor delicado. O que proporciona a delicada sutileza de uma boa madeleine é um gosto discreto de avelã, oriundo da manteiga derretida e ligeiramente cozida que acrescentamos à preparação.

MADELEINES GRANDES

220 g de farinha de trigo T45

10 g de cacau em pó

10 g de fermento em pó

100 g de açúcar cristal triturado e peneirado

3 ovos

60 g de leite fresco integral

40 g de mel de montanha*

40 g de chocolate derretido (70% de cacau)

200 g de manteiga

40 g de chocolate (80% de cacau) picado em pedaços pequenos

Um pouco de manteiga amolecida para untar as fôrmas

Preaquecer o forno a 190 °C. Misturar delicadamente com o batedor a farinha, o cacau, o fermento, o açúcar, os ovos e o leite.

Acrescentar o mel morno, depois o chocolate (70% de cacau), continuando a misturar delicadamente.

Derreter a manteiga em uma panela pequena – ela deve cozinhar ligeiramente para ficar com o aroma de avelã. Incorporá-la na preparação em 3 etapas, misturando-a com delicadeza.

Acrescentar o chocolate picado (80% de cacau).

Untar as fôrmas passando a manteiga duas vezes com um pincel. Enchê-las com a mistura com o auxílio de um saco de confeiteiro com um bico nº 7.

Assar no forno a 190 °C durante 7 minutos para as mini-madeleines, 14 minutos para as maiores. Deixar esfriar alguns instantes. Saborear a madeleine morna.

* Mel colhido a mais de mil metros acima do nível do mar. (N. T.)

A madeleine é reconhecida por seu formato em concha. Espessa e ao mesmo tempo arejada, ela é degustada com frequência na hora do chá.

BOLO COM ESPECIARIAS E MEL

PARA 6 PESSOAS

DIFICULDADE : ☺ ☺

125 g de manteiga amolecida
90 g de açúcar cristal triturado e peneirado
125 g de avelãs em pó
2 ovos frescos
40 g de mel de montanha morno
50 g de farinha de trigo T45
5 g de fermento em pó
4 pitadas de canela em pó
1 pitada de coentro em pó
1 pitada de noz-moscada em pó
1 pitada de anis-estrelado em pó
40 g de chocolate (80% de cacau) bem picado
20 g de manteiga amolecida para untar a fôrma

Preaquecer o forno a 180 °C. Misturar com o batedor a manteiga, o açúcar, as avelãs e os ovos.

Acrescentar o mel ligeiramente aquecido. Incorporar a farinha, o fermento em pó, as especiarias e o chocolate picado em pequenos pedaços. Untar com manteiga uma fôrma de bolo de 1 litro e despejar a mistura. Assar com o forno a 180 °C durante 20 minutos. Deixar o bolo esfriar até ficar morno antes de tirá-lo da fôrma. Saborear morno.

Servir com chocolate quente, chá ou uma boa calda de chocolate.

NUGÁ

PARA 10 PESSOAS

DIFICULDADE : ☺ ☺ ☺ ☺ ☺

70 g de cerejas vermelhas em calda
100 g de avelãs descascadas
130 g de amêndoas escaldadas torradas
80 g de pistaches descascados e torrados
160 g de mel de montanha líquido
330 g de açúcar cristal
100 ml de água
40 g de clara de ovos
15 g de açúcar cristal triturado e peneirado
Fécula de batata para polvilhar o papel-manteiga

Esquentar a água e o açúcar cristal. Quando essa mistura alcançar 120 °C, efetuar simultaneamente duas operações enquanto o açúcar continua a cozinhar: cozinhar o mel em alta temperatura em um segundo tacho e bater as claras de ovos em neve na cuba de uma batedeira com 15 g de açúcar cristal triturado e peneirado. Quando o açúcar atingir 144 °C, o mel deve chegar a 120 °C e as claras devem estar batidas em neve bem firme, de modo que os três principais elementos da receita estejam sincronizados. Despejar muito rapidamente o açúcar e o mel cozidos sobre a clara de ovos em neve. Misturar de dois a três minutos.

Trocar o batedor da batedeira por uma "raquete" de batedeira. Acrescentar as frutas secas e as cerejas em calda e misturar com a espátula. Espalhar. Alisar a mistura sobre uma folha de papel-manteiga previamente polvilhada com a fécula.

BROWNIES

PARA 6 PESSOAS

DIFICULDADE : ☺

*Adoro saborear meus brownies mornos com sorvete de mel ou de lavanda, mas
também com sorvete de chá verde maccha.* Essa pequena pâtisserie despretenciosa,
de origem americana, agrada tanto às crianças como aos adultos e se conserva
durante vários dias em um recipiente hermeticamente fechado no refrigerador.*

190 g de manteiga fresca
100 g de chocolate derretido (70% de cacau)
130 g de açúcar mascavo
40 g de açúcar cristal triturado e peneirado
3 gemas de ovos (60 g)
45 g de farinha de trigo T45
10 g de cacau em pó
3 claras de ovos (95 g) em neve, não muito firmes
80 g de nozes-pecãs em pedaços
Um pouco de manteiga amolecida para untar a fôrma

Preaquecer o forno a 190 °C. Misturar com o batedor a manteiga e o chocolate, depois os dois tipos de açúcares e as gemas.

Acrescentar a farinha e o cacau.

Incorporar as claras em neve em três etapas, em seguida acrescentar as nozes. Misturar ligeiramente.

Untar uma fôrma baixa retangular ou quadrada.

Assar em forno a 190 °C durante 35 minutos. Deixar esfriar antes de cortar. Deve ser saboreado morno. Se sobrar, o restante pode ser congelado.

* Chá verde em pó utilizado pelos japoneses na cerimônia do chá. (N. T.)

*O chocolate combina muito bem com todos
os tipos de frutas secas: nozes, avelãs, nozes
de Périgord, nozes-pecã, amêndoas...
O brownie é um exemplo perfeito disso.*

MERENGUE FRANCÊS

PARA 12 MERENGUES INDIVIDUAIS

DIFICULDADE: : ☺ ☺ ☺

*Não é tão modesto, o merengue. Ele encanta as crianças e as "formigas"
de todas as idades. Prático e versátil, o merengue é uma base simples,
porém maravilhosa para um grande número de sobremesas geladas.*

5 claras de ovos (160 g)
150 g de açúcar cristal triturado e peneirado
150 g de açúcar de confeiteiro

PARA POLVILHAR
30 g de açúcar de confeiteiro

Preaquecer o forno a 130 °C. Bater as claras de ovos em neve na batedeira até obter um aspecto espumante, depois acrescentar o açúcar cristal triturado e peneirado gradativamente.

Quando as claras estiverem bem firmes, parar a batedeira. Polvilhar as 150 g de açúcar de confeiteiro e misturar delicadamente com a espátula.

Formar bolas ou lágrimas sobre uma assadeira recoberta com papel-manteiga. Polvilhar com açúcar de confeiteiro.

Deixar secar no forno a 100 °C durante 1h45.

TRUQUES

Para obter clara em neve mais facilmente, acrescentar uma colher (café) de suco de limão antes de misturar.

VARIANTES

Em lugar do açúcar de confeiteiro, polvilhar as bolas de merengue com 20 g de açúcar de confeiteiro misturado a 20 g de cacau em pó. Pode-se acrescentar a essa mistura uma colher de café solúvel.

Antes de ir ao forno, aromatizar a mistura com algumas gotas de framboesa ou incorporar 6 colheres (sopa) de amêndoas cortadas em lascas ligeiramente torradas polvilhadas com açúcar de confeiteiro.

*O segredo de um merengue bem-sucedido:
utilizar as claras de ovos na temperatura ambiente.
O merengue é um elemento importante na
pâtisserie, porque servirá para preparar doces
como o Écuador (receita p. 102) ou a
Chérelle (receita p. 98).*

BOLO COM FRUTAS
(BOLO INGLÊS)

PARA 6 A 8 PESSOAS

DIFICULDADE : ☺ ☺ ☺

*Gosto do bolo cuja massa é feita com grânulos grandes e
frutas cristalizadas não muito doces.*

MASSA DO BOLO
170 g de manteiga amolecida
170 g de açúcar de confeiteiro
35 g de amêndoas em pó
2 g de baunilha em pó
170 g de ovos
200 g de farinha
3 g de fermento em pó
35 g de uvas-passas
130 g de damascos
60 g de ameixas sem caroço
30 g de laranjas cristalizadas

TOQUE FINAL
Um pouco de rum escuro

Preparar as frutas, pesá-las e cortá-las em pedaços pequenos.

Preparar a massa misturando os ingredientes na seguinte ordem: manteiga amolecida, açúcar de confeiteiro, amêndoas em pó, baunilha em pó. Acrescentar pouco a pouco os ovos, a farinha e o fermento em pó. Juntar as frutas em pedaços, depois misturar.

Preaquecer o forno a 250 °C. Untar uma fôrma retangular de bolo com manteiga, no fundo e nas laterais. Cortar papel-manteiga e cobrir com ele o fundo e as laterais da fôrma, passar manteiga no papel. Isto evita que o bolo grude nas paredes da fôrma enquanto está assando.

Preencher a fôrma retangular com a massa do bolo de frutas. Assar a 250 °C durante 9 minutos precisamente, depois retirar do forno e separar ligeiramente a parte de cima do bolo, no sentido do comprimento, com a ajuda de uma faca.

Levá-lo de volta ao forno por 50 minutos a 170 °C. Verificar o cozimento enfiando a lâmina da faca dentro do bolo: se sair limpa, o bolo está pronto; caso contrário, deixar mais alguns instantes no forno. Retirar do forno e regar com rum escuro.

Deixar esfriar e retirar da fôrma.

*Com frutas ou com legumes, ligeiramente picante,
doce ou salgado, o bolo se adapta a todos os
gostos. Jean-Paul Hévin nos ensina aqui suas duas
receitas preferidas: o bolo de frutas pode ser
preparado com todas as frutas da estação, regado
ou não com um pouco de rum para os adultos.*

BOLO DE CHOCOLATE

PARA 6 A 8 PESSOAS

DIFICULDADE : ☺ ☺ ☺

*As bases para as duas receitas são idênticas para o bolo
de frutas e o de chocolate.*

MASSA DO BOLO

170 g de manteiga amolecida

170 g de açúcar de confeiteiro

35 g de amêndoas em pó

2 g de baunilha em pó

170 g de ovos

200 g de farinha

3 g de fermento em pó

50 g de cacau em pó

5 g de canela em pó

5 g de coentro em pó

30 g de pastilhas de chocolate (80% de cacau) picadas

TOQUE FINAL

Um pouco de rum escuro

Colocar as pastilhas de chocolate picadas em um pequeno recipiente. Preparar a massa misturando os ingredientes na seguinte ordem: manteiga amolecida, açúcar de confeiteiro, amêndoas em pó, baunilha em pó. Pouco a pouco acrescentar os ovos, a farinha e o fermento em pó, em seguida o pó de cacau, a canela e o coentro juntos. Misturar bem o conjunto durante 2 a 3 minutos, até que todos os ingredientes sejam incorporados. Juntar as pastilhas de chocolate, depois misturar de novo.

Preaquecer o forno a 250 °C. Passar manteiga e forrar com papel-manteiga uma fôrma de bolo retangular. Preencher a fôrma retangular com a massa para bolo de chocolate. Assar a 250 °C durante 9 minutos, depois retirar do forno e com a ajuda de uma faca separar ligeiramente, no sentido do comprimento, a parte de cima do bolo pré-assado. Recolocar o bolo no forno durante 50 minutos a 170 °C. Verificar o cozimento enfiando a lâmina de uma faca dentro do bolo. Retirá-lo do forno, e depois regar com rum.

Deixar esfriar e tirar da fôrma.

Um verdadeiro regalo, morno ou frio, na hora do lanche. Se enrolado em papel-filme e congelado, o bolo se conserva por cerca de quatro dias. Seus queridos pequenos comilões não pegarão você desprevenido.

*O bolo de chocolate pode ser enriquecido com
pepitas de chocolate (p. seguinte).*

CHÉRELLE

PARA 8 PESSOAS

DIFICULDADE :

MERENGUE ITALIANO
150 g de açúcar cristal triturado e peneirado
50 ml de água
100 g de claras de ovos
50 g de açúcar cristal triturado e peneirado
30 g de açúcar de confeiteiro para polvilhar

MUSSE DE CHOCOLATE
225 g de chocolate (70% de cacau) picado
140 g de manteiga
3 gemas de ovos (60 g) em temperatura ambiente
5 claras de ovos (160 g) em temperatura ambiente
55 g de açúcar cristal triturado e peneirado

MASSA DE CHOCOLATE PARA O TOQUE FINAL
200 g de chocolate escuro amargo (56% de cacau) picado
200 g de chocolate de sobremesa picado

PARA DECORAR
30 g de açúcar de confeiteiro

Para fazer o merengue, preaquecer o forno a 140 °C. Colocar para cozinhar 150 g de açúcar e água a 123 °C.

Começar a bater as claras de ovos em neve com o batedor da batedeira, bem devagar, com um terço dos 50 g do açúcar cristal triturado e peneirado, depois acrescentar, em mais duas etapas, o restante do açúcar. Bater bem as claras em neve depois despejar muito progressivamente a calda de açúcar cozida a 123 °C, continuando a bater as claras.

Deixar esfriar, continuando a bater suavemente as claras até a temperatura baixar a 35 °C.

Com um saco de confeiteiro com bico nº 7, dispor três rodelas de merengue com 15 cm de diâmetro sobre uma assadeira recoberta com uma folha de papel-manteiga polvilhada com açúcar de confeiteiro. Assar a 130 °C durante 1h30. Deixar esfriar. Reservar a seco.

Para a musse de chocolate, derreter o chocolate em banho--maria a 40 °C. Retirar, acrescentar a manteiga para fazer a mistura baixar a 33 °C.

Uma combinação de crocante e de fondant, este doce contém um folhado de merengue e musse de chocolate escuro amargo. A decoração feita com folhas de chocolate trabalhadas como flores proporciona-lhe elegância e delicadeza (p. 97).

A chérelle é oriunda da flor do cacaueiro, cujos frutos são bagas chamadas chérelles *quando novas, e* cabosse *(casulo) quando adultas. Um bolo magnífico para os verdadeiros apaixonados por chocolate. Ouse experimentar a receita. É importante trabalhar com ovos em temperatura ambiente. O merengue italiano é um pouco delicado, mas é feito de antemão.*

Acrescentar as gemas de ovos e misturar com o batedor.

Bater as claras em neve em uma tigela, acrescentando progressivamente o açúcar em 4 etapas. Despejar um pouco das claras sobre o chocolate derretido, misturar ligeiramente para diluir, depois transferir o todo sobre as claras. Misturar cuidadosa e delicadamente com a espátula.

Reservar 15% da musse para o alisamento. Colocar os merengues redondos sobre papel-manteiga. Com um saco de confeiteiro com bico nº 9, dispor uma camada de musse de chocolate, fazendo um círculo um pouco menor, sobre um merengue redondo. Colocar por cima um segundo merengue redondo e em seguida uma outra camada redonda de musse. Terminar com um merengue redondo; usando a espátula, alisar depois, com a musse reservada, a parte de cima e as laterais do bolo.

Deixar na geladeira por uma hora no mínimo.

Para a massa de chocolate, derreter juntos os dois tipos de chocolate.

Sobre uma assadeira de inox aquecida a 40 °C, espalhar o chocolate derretido com a ajuda de uma espátula para bolo em inox. A camada deve ser fina. Preparar várias assadeiras.

Colocar as assadeiras no refrigerador durante 2 horas, depois deixá-las voltar para a temperatura ambiente (22 °C).

Com a ajuda de uma faca com lâmina flexível, descolar as tiras de chocolate e enfeitar o contorno do bolo.

Descolar outras tiras para fazer a ornamentação floral do bolo frio. Testar com a unha – que deve marcar o chocolate ligeiramente. Polvilhar ligeiramente com açúcar de confeiteiro, depois reservar em uma caixa na geladeira.

Tirar o bolo da geladeira 30 minutos antes de saborear, polvilhar ligeiramente com açúcar de confeiteiro, cortar com a lâmina de uma faca previamente aquecida em água quente.

BOMBAS (*ÉCLAIRS*) DE CHOCOLATE

PARA 10 BOMBAS

DIFICULDADE : ☺ ☺ ☺

Estas deliciosas pâtisseries não apresentam grandes dificuldades; pode-se preparar a massa para bombas e o creme de confeiteiro na véspera e realizar os acabamentos várias horas antes de seu consumo.

MASSA PARA BOMBAS

120 ml de leite integral
120 ml de água
110 g de manteiga
1 pitada de sal
5 g de açúcar
140 g de farinha peneirada
5 ovos

CREME DE CONFEITEIRO COM CHOCOLATE PARA AS BOMBAS

250 ml de leite integral
60 ml de creme de leite fresco
65 g de açúcar
3 gemas de ovos (60 g)
20 g de farinha de trigo T45
20 g de creme de confeiteiro em pó
90 g de chocolate (80% de cacau) picado

PARA O TOQUE FINAL

150 g de chocolate (70% de cacau) picado
40 g de óleo vegetal

Preaquecer o forno a 180 °C. Em uma caçarola, esquentar até a fervura o leite, a água, a manteiga, o sal e o açúcar. Fora do fogo, acrescentar a farinha de uma só vez, depois incorporá-la, batendo rapidamente com uma colher de pau durante um minuto sobre o fogo. Acrescentar os ovos em duas vezes, misturando delicadamente com a espátula. Formar com o saco de confeiteiro de bico nº 8 bombas com cerca de 13 cm de comprimento sobre o papel-manteiga. Assar no forno a 180 °C por mais ou menos 25 minutos. Tirar do forno e deixar esfriar.

Fazer o creme de confeiteiro seguindo o mesmo método descrito para o mil-folhas, p. 110, respeitando as proporções desta receita. Deixar esfriar. Fazer três furos na parte de baixo das bombas e, com a ajuda de um saco de confeiteiro com bico nº 7, preencher delicadamente as bombas com o creme, pelos furos.

Para o toque final nas bombas, esquentar o chocolate em banho-maria para derretê-lo, depois incorporar o óleo vegetal. Fazer a mistura atingir 28 °C. Mergulhar delicadamente a parte de cima de cada bomba no chocolate derretido, depois colocar ao contrário sobre uma folha de papel-manteiga.

Atenção: o creme de confeiteiro é um produto sensível do ponto de vista bacteriológico. É necessário deixar ferver o creme durante 2 a 3 minutos de acordo com a quantidade, fazê-lo esfriar rapidamente até atingir a temperatura ambiente espalhando-o sobre um tabuleiro, mexê-lo suavemente durante 10 minutos com intervalos de 1 minuto, depois polvilhar o açúcar de confeiteiro e passar um papel-filme. Guardar no refrigerador por no máximo 2 dias.

ÉCUADOR

PARA 10 DOCES

DIFICULDADE : ☺ ☺ ☺ ☺ ☺

Esta guloseima clássica e elegante sempre faz muito sucesso.
Não se deixe intimidar se lhe parecer difícil.
É possível fazê-la em várias etapas.

BISCOITO DACQUOISE

4 claras de ovos (126 g)
30 g de açúcar cristal triturado e peneirado
100 g de amêndoas em pó
70 g de açúcar de confeiteiro
18 g de farinha de trigo T45

PARA POLVILHAR O BISCOITO

50 g de açúcar de confeiteiro

MERENGUE FRANCÊS

3 claras de ovos (95 g)
160 g de açúcar em pó
100 g de açúcar de confeiteiro

MUSSE DE CHOCOLATE

250 g de chocolate (70% de cacau) picado
140 g de manteiga fresca
3 gemas de ovos (60 g)
5 claras de ovos (160 g) frescos
55 g de açúcar em pó

COBERTURA DE GLACÊ

100 g de chocolate (70% de cacau) picado
25 g de óleo vegetal

ORNAMENTAÇÃO

Um tablete de chocolate (70% de cacau) (80-100 g)

Para os biscoitos dacquoise, preaquecer o forno a 170 °C. Bater suavemente as claras em neve na batedeira. Acrescentar o açúcar em pó em 3 vezes e incorporá-lo delicadamente.

Misturar as amêndoas em pó, o açúcar de confeiteiro e a farinha e peneirar tudo junto sobre uma folha de papel-manteiga.

Polvilhar a mistura sobre as claras e mexer delicadamente com a espátula. Com um saco de confeiteiro com bico nº 7, fazer 10 rodelas com 4 cm de diâmetro sobre uma folha de papel-manteiga, polvilhar os biscoitos com açúcar de confeiteiro. Secar no forno durante 1h45 a 100 °C. Deixar esfriar.

(continua nas pp. 104-105)

O Écuador, contraste delicioso entre o crocante do merengue, o fondant da musse de chocolate e o cremoso do dacquoise.

Para o merengue francês, preaquecer o forno a 130 °C. Bater suavemente as claras em neve na batedeira, incorporando 1 colher (sopa) de açúcar em pó, depois uma segunda e por fim uma terceira. Bater as claras em neve até ficarem firmes e acrescentar então o restante do açúcar em pó.

Em seguida incorporar o açúcar de confeiteiro com a espátula. Com o saco de confeiteiro de bico nº 7, formar 10 bolas de 4 cm de diâmetro sobre uma assadeira revestida de papel-manteiga. Assar no forno durante 1h30. Retirar do forno e deixar esfriar. Reservar em local seco.

Para a cobertura com glacê, esquentar o chocolate em banho-maria para derretê-lo, depois incorporar o óleo vegetal. Levar à temperatura de 27 °C. Reservar.

Para a musse de chocolate, derreter o chocolate em banho-maria a 40 °C. Retirar do banho-maria. Acrescentar a manteiga, depois as gemas. Misturar bem.

Na batedeira, bater suavemente as claras em neve, com o batedor, com 1 colher (sopa) de açúcar; depois de bem batido, acrescentar o restante do açúcar.

Desprender o chocolate derretido com 2 colheradas de claras batidas; depois, com a ajuda de uma espátula de borracha, incorporar com delicadeza o resto das claras.

Providenciar fôrmas circulares com mais ou menos 5 cm a 6 cm de diâmetro por 3 cm de altura. Depositar tudo sobre papel-manteiga. Colocar em cada círculo um biscoito dacquoise. Acrescentar um pouco de musse de chocolate por cima.

Dispor os biscoitos dacquoise sobre uma folha de papel--manteiga. Usando um saco de confeiteiro com bico nº 7, guarnecer a parte superior de cada biscoito com 1 cm de altura de musse de chocolate, em forma de rosácea.

Se a musse estiver muito mole, deixá-la esfriar ligeiramente. Depositar um merengue redondo. Apoiar delicadamente para fixá-lo. Aplicar bem a musse sobre as bordas dos círculos.

Recobrir com musse de chocolate. Deixar esfriar pelo menos 2 horas no refrigerador. Retirar as fôrmas circulares e manter até o último minuto o papel-filme ou o papel-manteiga. Preparar a cobertura de glacê a 34-35 °C.

Dispor todos os doces sobre uma grelha com pés com um espaço suficiente para colocar o glacê sobre cada um dos doces com a ajuda de uma colher. Deixar endurecer ligeiramente e colocar o doce em sua caixinha de papel.

Decorar cada doce com aparas de chocolate (obtidas raspando com uma faca Économe (descascador de legumes) um tablete de chocolate na temperatura de 26 °C; aparas podem ser preparadas na véspera).

Deve-se saborear 30 minutos depois de sair da geladeira. Conserva-se por 3 dias a 6 °C.

SAFI

PARA 6 PESSOAS

DIFICULDADE : ☺ ☺ ☺ ☺ ☺

O nome safi é uma homenagem à cidade de Safi, no Marrocos, conhecida por suas laranjas. Seu perfume aromatiza o doce, que é uma combinação suave de biscoito de chocolate um pouco amargo e de musse cremosa de chocolate com laranja. Preparar antecipadamente e não saboreá-lo muito frio.

PARA O BISCOITO EXTRA-AMARGO

165 g de pasta de amêndoas

100 g de açúcar de confeiteiro

2 ovos inteiros

1 gema de ovo (20 g)

4 claras de ovos (126 g)

20 g de açúcar

80 g de manteiga morna

80 de cacau em pó

MUSSE DE CHOCOLATE COM LARANJA

140 g de chocolate escuro amargo (56% de cacau) aromatizado com laranja

65 g de chocolate (67% de cacau) (sobremesa)

120 g de chocolate (80% de cacau)

70 g de manteiga

40 g de cascas de laranja cristalizadas

2 colheres (sopa) de licor Grand Marnier

6 claras de ovos (190 g)

100 g de açúcar

CALDA

200 ml de água

100 g de açúcar

1 colher (sopa) de Grand Marnier

PARA O TOQUE FINAL

50 g de cacau em pó

Para fazer o biscoito extra-amargo, proceder na seguinte ordem. Preaquecer o forno a 250 °C. Em uma tigela, colocar a pasta de amêndoas e o açúcar. Acrescentar um ovo, misturar na batedeira. Adicionar uma gema, misturar, depois juntar um outro ovo. Bater 10 minutos para obter uma mistura espumante.

Em outra tigela, bater as claras de ovos em neve na batedeira. Acrescentar o açúcar em três etapas, continuando a bater suavemente.

Acrescentar a manteiga morna à primeira tigela, misturar e depois incorporar o cacau. Adicionar então as claras batidas em neve e misturar delicadamente.

O safi é composto de uma alternância agradável de biscoito extra-amargo e de musse de chocolate com laranja (p. 108).

O mil-folhas é uma pâtisserie para um apreciador refinado. Frágil e cremoso, é apresentado aqui na sua versão com cacau. Para ser bem-sucedido na ornamentação do mil-folhas, não hesite em polvilhá-lo com a ajuda de uma régua (p. 109).

A concepção de uma receita pode surgir de um insucesso: o safi – biscoito
de cacau com amêndoas e três andares de musse de chocolate e
laranjas amargas – surgiu porque esqueci de colocar açúcar na
musse durante minhas tentativas para lhe dar sua forma final.

Recobrir com papel-manteiga uma assadeira de 21 cm x 25 cm. Estender delicadamente a massa e assar em forno quente durante 4 a 5 minutos. Retirar do forno e deixar esfriar.

Para a calda, ferver os ingredientes em uma caçarola, depois retirar do fogo e deixar esfriar.

Para fazer a musse de chocolate com laranja, derreter juntos em banho-maria a 35 °C os quatro primeiros ingredientes, misturando-os bem. Retirar do banho-maria.

Cortar as cascas de laranja cristalizadas em pequenos pedaços e regá-las ligeiramente com Grand Marnier. Deixar macerar.

Enquanto isso, bater as claras em neve na batedeira, depois acrescentar o açúcar gradualmente.

Incorporar em duas etapas as claras em neve ao chocolate derretido, misturando com delicadeza, e depois adicionar os pedaços de laranjas cristalizadas. Misturar ligeiramente.

Montar o bolo. Cortar o biscoito em três tiras de 7 cm x 25 cm. Colocar uma tira como base. Embebê-la com a calda, usando um pincel, depositar em cima uma camada de musse. Recobrir com delicadeza com uma segunda tira de biscoito. Colocar uma camada de musse por cima. Recobrir novamente com uma terceira tira de biscoito com delicadeza.

Terminar alisando com a espátula a parte de cima e as laterais do bolo com o restante da musse. Deixar esfriando durante duas horas.

Antes de servir, cortar o bolo em 10 pedaços de 7 cm x 2,5 cm com a ajuda de uma faca bem afiada, que deve ser aquecida em água bem quente. Polvilhar com cacau em pó, com uma peneira bem fina, e colocar uma ornamentação.

CONSELHOS
O safi pode ser guardado durante três dias no refrigerador, dentro de uma caixa. Retirá-lo para a temperatura ambiente 2 horas antes de saboreá-lo.

Para facilitar a montagem do bolo, utilizar molduras de inox ou réguas recobertas com um filme alimentar.

MIL-FOLHAS

PARA 10 A 12 PESSOAS

DIFICULDADE : ☺ ☺ ☺ ☺ ☺

CREME DE CONFEITEIRO COM CHOCOLATE

250 ml de leite integral fresco

60 ml de creme de leite fresco

65 g de açúcar

3 gemas de ovos (60 g)

20 g de farinha de trigo T45

20 g de creme de confeiteiro em pó

90 g de chocolate (80% de cacau) picado

MASSA FOLHADA COM CHOCOLATE

200 ml de água

2 pitadas de sal

500 g de farinha

50 g de manteiga amolecida

20 g de açúcar

125 g de iogurte natural

MANTEIGA PARA A MASSA FOLHADA COM CACAU

470 g de manteiga amolecida

40 g de cacau em pó

40 g de açúcar de confeiteiro

PARA O TOQUE FINAL

50 g de açúcar de confeiteiro

30 g de cacau em pó

Começar na véspera. Para o creme de chocolate, ferver o leite e o creme de leite numa caçarola. Em uma tigela, bater vigorosamente o açúcar e as gemas de ovos até que eles clareiem. Incorporar a farinha e o creme de confeiteiro em pó.

MÉTODO PARA O CREME DE CONFEITEIRO COM CHOCOLATE

Despejar uma parte do leite sobre a mistura para torná-la mais flexível, depois tornar a colocar a mistura na caçarola. Mexer energicamente. Levar à fervura e deixar cozinhar durante 3 minutos, mexendo sempre. Retirar do fogo. Colocar a caçarola sobre uma mesa de trabalho, acrescentar o chocolate picado e bater suavemente durante 2 ou 3 minutos. Deixar repousar durante 2 horas no refrigerador.

Para a massa folhada, dissolver o sal em uma tigela com água. Misturar em outro lugar a farinha, a manteiga, o açúcar e o iogurte. Incorporar a água salgada e misturar sem trabalhar muito a massa. Fazer uma bola achatada com a massa, recobrir com papel-filme e reservar no refrigerador por uma noite.

Preparar a manteiga para a massa folhada, misturando a manteiga com o cacau e o açúcar de confeiteiro. Formar um quadrado e colocar na geladeira utilizando uma folha de papel-filme.

*Para aproveitar ao máximo o equilíbrio deleitável entre a
quantidade de creme e a massa folhada, antes de
degustar o mil-folhas eu o viro de lado... Isso me permite cortá-lo,
sem hesitação, com o garfo, sem que ele esfarele demais.*

No dia seguinte, retirar da geladeira a massa e a manteiga para a massa folhada. Trinta minutos antes da utilização, amassar com a ajuda do papel-filme e do rolo de amassar, batendo a massa delicadamente – a textura das duas massas deve ser idêntica no momento de voltear. Pode-se fazer isso em duas etapas, deixando a massa esfriar.

Achatar a massa com o rolo até atingir a espessura de 2 cm, colocar sobre ela o quadrado de manteiga para a massa folhada. Dobrar a massa em quatro para recobrir toda a manteiga. Unir bem as bordas. Em seguida proceder como para uma massa folhada clássica. Estender a massa com o rolo formando um retângulo 3 vezes mais comprido que a largura. Tentar evitar que a manteiga escape da massa. Dobrar o retângulo em três: abaixar o primeiro terço em sua direção e o terceiro terço na direção contrária. Recolocar no refrigerador por uma hora.

Virar a massa, dando um quarto de volta para deixar a abertura à direita. Dar a segunda virada. Deixar repousar uma hora no refrigerador. Recomeçar a operação 6 vezes, virando um quarto de volta a cada vez. Deixar ainda repousar no refrigerador durante 1 hora entre cada virada.

Para a montagem, com a ajuda de um rolo, achatar a massa folhada de chocolate até atingir 1,5 cm de espessura. Cortar em 3 tiras de cerca de 20 cm x 14 cm. Pode-se congelá-las se não se desejar assá-las imediatamente para saborear no mesmo dia. Preaquecer o forno a 170 °C. Assar durante 30 minutos. Quando retirar, virar as tiras ao contrário com delicadeza. Polvilhar com um pouco de açúcar de confeiteiro. Regular o forno para 240 °C e recolocar o bolo durante 1 ou 2 minutos, cuidando com muita atenção.

Se necessário, retificar as dimensões das tiras, recortando-as cuidadosamente. Sobre a primeira tira, aplicar uma camada de creme de confeiteiro com a ajuda de um saco de confeiteiro. Colocar outra tira por cima e nivelar. Reaplicar uma camada de creme e dispor cuidadosamente uma terceira tira. Com a ajuda de uma espátula, aplicar um pouco de creme sobre as laterais do mil-folhas. Se houver queda de massa folhada, picar em pedaços bem pequenos e colocar as migalhas nas laterais.

Antes de saborear o mil-folhas, decorar polvilhando cacau em pó e açúcar de confeiteiro.

CONSELHOS
Nem é preciso dizer, o mil-folhas não é um bolo que pode ser preparado no último minuto. Faça o creme de confeiteiro com chocolate na véspera e respeite os tempos de descanso no refrigerador durante a preparação da massa folhada. O mil-folhas é mais gostoso se saboreado no mesmo dia, mas as tiras de massa folhada se conservam muito bem quando congeladas e podem ir diretamente ao forno.

A HISTÓRIA DO MACARON

Membro eminente da vasta família dos biscoitos, o macaron está, como a sua prima madeleine, sujeito a controvérsias em relação a suas origens. Dizem que nasceu em Cornay, em Touraine, no fim do século VIII, na intimidade de uma abadia fundada por um antigo chanceler de Carlos Magno e, simultaneamente, em alguns mosteiros italianos. Elaborado com claras de ovos, mel e amêndoas doces moídas, esse biscoito redondo e recheado, chamado na época de "umbigo de monge", foi depois aperfeiçoado pelos venezianos, que o batizaram de maccherone ou "massa fina". Em seguida, Catarina de Médici, com o recheio de creme de amêndoas, impôs os maccherone na corte da França em 1533, deixando em seguida livre curso aos carmelitas para garantir sua difusão sobre o resto do território. Um século mais tarde estabeleceu-se em Saint-Émilion a primeira fábrica de macarons jamais recenseada. A receita dos macarons ainda hoje está envolta em mistério, porque de Saint-Émilion até Massiac, de Saint-Jean-de-Luz até Amiens, cada região reivindica seu autêntico macaron. Macio e crocante ao mesmo tempo, caracterizado por um delicado aroma de amêndoas, o macaron é com efeito um biscoito genérico, cuja receita simples não facilita sua história. Como aquela das irmãs Macaron, às quais a cidade de Nancy, outra capital do macaron, dedicou o nome de uma rua como sinal de reconhecimento: estamos em 1793 e a Revolução Francesa suprimiu, entre outras coisas, as congregações religiosas. Agradecidas por terem encontrado refúgio na casa de uma família abastada de Nancy, duas ex-carmelitas de Saint-Sacrement, banidas de seu convento, se puseram a cozinhar e depois deixaram como herança aos seus benfeitores a receita do macaron, classificada ainda hoje como "segredo dos deuses". Montmorillon, no departamento de Vienne, é outra capital regional que reivindica a criação do macaron, e que inaugurou em 2003 um Museu do Macaron e da Amêndoa, que se visita salivando. Existem dois tipos de macarons: o macaron duro, que pertence ao grupo de biscoitos secos, e o macaron parisiense, um petit-four pâtissier duplo e recheado com creme ou geleia com aromas desde os mais simples até os mais extravagantes. Seco ou fondant, as duas escolas exercem autoridade, mas é sobre o modelo parisiense, liso, tenro e sensual, que Jean-Paul Hévin elabora suas próprias receitas. Símbolo absoluto da sofisticação da pâtisserie contemporânea, o macaron de hoje é um exercício gastronômico muitas vezes egoísta, cuja aparência frívola encobre toda a séria criatividade de um grande artífice. Chocolate amargo, chocolate com laranja e gengibre, chocolate com framboesa: se os sabores se combinam até o infinito, a base permanece inalterável. Trata-se, com efeito, de uma receita consagrada, "passada pela família Fauchon e pela família Robuchon", conta Jean-Paul Hévin, "uma receita que aperfeiçoei utilizando as *marconas*, amêndoas da Espanha, gordurosas e carnudas". Quanto ao ganache que recheia os macarons, qualquer que seja o seu aroma, é feito com uma mistura de cacau do Caribe e da Venezuela.

MACARONS CHOCOLAT
À MA PASSION*

PARA 30 MACARONS

DIFICULDADE : ◎ ◎ ◎ ◎

Muito parisiense, o macaron... Liso por cima, crocante ao ponto, suavemente cremoso no meio, ele é absolutamente irresistível. No entanto, para ser honesto, o cozimento do biscoito ao forno é sempre delicado.

BISCOITO DE BASE
250 g de amêndoas em pó
250 g de açúcar de confeiteiro
3 claras de ovos (95 g)
20 g de cacau em pó

MERENGUE ITALIANO
250 g de açúcar cristal
80 ml de água
3 claras de ovos (95 g)

GANACHE DE MARACUJÁ
80 g de polpa de maracujá
30 g de açúcar de confeiteiro
90 g de creme de leite fresco
85 g de chocolate ao leite picado
85 g de chocolate amargo picado
20 g de manteiga amolecida

Em uma tigela, misturar com a espátula, durante alguns minutos, todos os ingredientes do biscoito de base.

Para o merengue, aquecer o açúcar com a água até 121 °C em uma caçarola. Retirar do fogo. Bater as claras em neve na batedeira. Enquanto continua a bater, despejar o açúcar com a água sobre as claras.

Incorporar o merengue à preparação de base sem cuidado especial. Colocar as metades de macarons sobre uma folha de papel-manteiga com um saco de confeiteiro com bico nº 7. Deixar repousar durante 45 minutos. Dispor a folha sobre uma assadeira de ferro fundido. Preaquecer o forno por 15 minutos a 240 °C. Assar no forno durante 10 minutos a 180 °C. Retirar do forno e molhar ligeiramente a parte de baixo do papel com água fria, depois descolar os macarons. Colocá-los invertidos sobre uma folha de papel-manteiga disposta sobre uma grelha.

Para o ganache, ferver até a ebulição a polpa dos maracujás com o açúcar. Retirar do fogo. Em uma segunda caçarola, levar à ebulição o creme de leite fresco. Retirar do fogo. Despejar o creme de leite fervente sobre a mistura de maracujá com açúcar, e mexer. Despejar sobre o chocolate, mexer novamente, depois incorporar a manteiga. Despejar o ganache sobre uma assadeira de inox. Deixar esfriar. Refrigerar por cerca de 30 minutos.

Para a montagem, com a ajuda de um saco de confeiteiro com bico nº 7, guarnecer a metade dos meios-macarons. Juntar a segunda metade. Estão prontos para serem servidos. Os macarons duram 3 dias, no máximo, dentro de um recipiente bem fechado.

* Macarons de chocolate com maracujá, jogo de palavras com "fruit de la passion" (maracujá, em francês). (N. T.)

TARTELETTES DE CHOCOLATE COM MAÇÃS

PARA 15 TARTELETTES

DIFICULDADE : ☺ ☺ ☺ ☺

Extremamente delicadas e refinadas, essas pequenas tartelettes são degustadas mornas.
A mistura maçã/chocolate é menos evidente que a combinação milagrosa da pera com o chocolate,
mas é a caramelização que cria um casamento harmonioso entre esses dois ingredientes.

MASSA DOCE
130 g de açúcar de confeiteiro
45 g de amêndoas em pó
1,5 g de sal
2 g de açúcar aromatizado com baunilha
220 g de manteiga amolecida
1 Ù ovo
350 g de farinha de trigo T45 peneirada
50 g de manteiga para untar as fôrmas

GANACHE
150 g de creme de leite fresco
50 g de chocolate picado (70% de cacau)
30 g de manteiga amolecida

MAÇÃS CARAMELIZADAS
2 Ù maçãs verdes
100 g de açúcar
1 colher (sopa) de manteiga fresca

COBERTURA DE GLACÊ
100 g de chocolate (70% de cacau) picado
30 g de óleo vegetal

Para a massa doce, colocar em uma tigela o açúcar de confeiteiro, as amêndoas em pó, o sal, o açúcar aromatizado com baunilha e, por fim, a manteiga.

Misturar e acrescentar o ovo e meio em 3 etapas, depois incorporar a farinha. Colocar sobre uma assadeira recoberta com uma folha plástica. Reservar na geladeira durante meio dia.

Dividir a massa em 4. Estender cada parte com a ajuda de um rolo até atingir 1 mm de espessura, sem esquecer de polvilhar ligeiramente com farinha. Cortar formas ovais com 1 cm a mais que a dimensão das fôrmas previamente untadas com manteiga. Colocar a massa em cada fôrma. Retirar o excesso de massa. Reservar no refrigerador por 30 minutos. Preaquecer o forno a 170 °C.

No interior de cada fôrma recoberta com massa, colocar uma segunda fôrma de tamanho menor para impedir a massa de dilatar. Assar no forno aquecido a 170 °C durante 15 minutos. Retirar do forno.

Para o ganache, ferver o creme de leite fresco. Retirar do forno. Despejar o creme de leite ainda muito quente sobre o chocolate. Acrescentar a manteiga. Misturar delicadamente com o batedor.

(continua na p. 116)

Colocar uma colher (sopa) de ganache em cada fundo de massa doce pré-assada.

Preparar as maçãs. Descascá-las, retirar o núcleo e cortar cada uma em 6 quartos – são necessários 15 quartos.

Em uma caçarola ou um tacho, acrescentar o açúcar pouco a pouco, polvilhando-o; fazê-lo caramelizar. Acrescentar os quartos de maçãs, misturar com a espátula. Adicionar a manteiga fresca. Misturar ainda e deixar cozinhar 2 minutos, mexendo regularmente.

Retirar do fogo, deixar amornar para não queimar os dedos, depois colocar um quarto em cada tartelette e colocar no forno durante 7 minutos.

COBERTURA DE GLACÊ

Para a cobertura de glacê, misturar o chocolate picado e o óleo e deixar derreter em banho-maria, depois manter a uma temperatura de 35 °C.

TOQUE FINAL

Como toque final, colocar as tartelettes sobre uma grelha disposta sobre uma assadeira com bordas ou sobre um prato grande. Cobrir cada tartelette com a cobertura de glacê com a ajuda de um cone de papel. Deixar esfriar por 5 minutos.

Se desejar, enfeite (com fruta seca ou cristalizada). Também é possível colocar, com o auxílio de uma espátula, cada tartelette em uma caixinha.

A tartelette é acompanhada por creme fresco, ácido, ingrediente indispensável a qualquer torta de maçã digna desse nome, na qual o chocolate vem perturbar a estrutura estrita de uma receita secular. Aqui apresentada não mais em formato redondo, mas em forma de barqueta, ela é recheada com quartos de maçãs verdes caramelizadas, de preferência mornas. Para a degustação, dispensa-se o açúcar de confeiteiro polvilhado para melhor fruição dessa mistura de elementos diferentes.

FLORENTINAS

PARA CERCA DE 25 FLORENTINAS

DIFICULDADE : ☺ ☺ ☺ ☺

*A florentina é um doce com caramelo e amêndoas em lascas dispostas
sobre uma massa doce crocante, parcialmente recoberta de chocolate.*

40 g de creme de leite fresco
40 g de manteiga amolecida
100 g de mel de montanha
1 vagem de baunilha aberta e raspada
75 g de açúcar
30 ml de água
70 g de amêndoas em lascas
90 g de cascas de laranjas cristalizadas

Preaquecer o forno a 170 °C. Em uma caçarola, ferver o creme de leite, a manteiga e o mel. Acrescentar a vagem de baunilha e retirar do fogo. Deixar macerar alguns minutos antes de retirar a vagem de baunilha.

Em uma segunda caçarola, fazer um caramelo a 170 °C (cor de açúcar dourado) com o açúcar e a água. Retirar do fogo.

Diminuir a temperatura do caramelo, acrescentando lentamente o creme de leite com mel e tomando muito cuidado com os salpicos do açúcar. Misturar com a espátula.

Aquecer a 130 °C. Adicionar as amêndoas em lascas e as cascas de laranjas. Retirar do fogo. Misturar. Colocar diretamente sobre pequenas fôrmas de torta antiaderentes de 8 cm de diâmetro.

Assar no fogo durante 12 minutos. Deixar esfriar e desenformar.

VARIANTE

Pode-se dispor um círculo de massa doce pré-assada, com espessura de 1 mm, no fundo de cada fôrma (*ver Tartelettes de chocolate com maçãs, pp. 115-116*). Espalhar a massa e assar a 170 °C durante 12 minutos, depois espalhar a mistura florentina quente sobre o fundo de massa doce pré-assada. Levar de novo ao forno a 170 °C durante mais 12 minutos. Resfriar e tirar da fôrma. Dispor sobre uma assadeira.

Temperar o chocolate com 70% de cacau (*ver o processo de temperagem em Mendiants, p. 56*) e aplicar uma camada de chocolate sobre a massa doce cozida. Deixar endurecer (cristalização do chocolate).

*Foi em honra aos Médici de Florença,
que visitavam o castelo de Versalhes,
que a florentina foi criada nas cozinhas
do rei Luís XIV.*

AS ORIGENS
DO BISCOITO

B*is-cuit*: "assado duas vezes". Nada mais simples que tal técnica para conservar por longo tempo, em faiança ou em uma caixa de folha de flandres, essas pâtisseries frívolas, mundanas, rituais ou pagãs, feitas à base de farinha, ovos, açúcar ou mel, manteiga e aromas frutados. A fantasia de hoje pode associar aos biscoitos raspas de casca de laranja ou de limão, e também uvas-passas. O que, em verdade, estimula o pecado da gula. Por ter mordido com apetite os biscoitos "Coma-me" de uvas-passas, Alice aprendeu alguma coisa. O biscoito remonta à Antiguidade: não foram encontrados dezesseis nas tumbas egípcias descobertas? Os gregos não os ofereciam a seus deuses? Previsão e provisão: os marinheiros e os viajantes os levavam ao fim do mundo. Daí vem a expressão "Nunca se aventurar sem biscoito". Envolta em gírias, a palavra biscoito também está inscrita no catálogo de artes aplicadas, na seção "porcelana", e faria parte em seguida do aperitivo salgado na época dos petiscos industriais.

Finalmente, a vasta e crocante família dos biscoitos relaciona os biscoitos comidos com colher, os biscoitos de viagem, o biscoito de Saboia (especialidade dos Alpes franceses), o biscoito de Gênova, mas igualmente os biscoitos sablés, as bolachas amanteigadas de Nantes, as línguas de gato, os biscoitos em forma de bastão, os biscoitos com amêndoas em pó, entre os quais o macaron e os merengues, que já experimentamos e que são os preferidos das fadas nos seus contos. Entre tantas delícias, o melhor da história é que os degustamos quase em sonhos, durante a tarde ao redor de um chá ou escondidos até esvaziar o pacote.

Ainda pouco conhecido pelos aficionados, o macaron de chocolate de Jean-Paul Hévin deve ser descoberto com urgência. Crocante, macio e pouco doce, foi eleito o melhor macaron de Paris em 2005 por um júri de jornalistas.

SABLÉS*

PARA 10 A 12 SABLÉS

DIFICULDADE : ☺ ☺

Há duas escolas para a iguaria apetitosa dos estudantes.
Alguns gostam de seu petisco predileto crocante, outros o preferem
mais macio. De fato, ele é mais crocante quando
saboreado no mesmo dia.

MASSA SABLÉ
150 g de manteiga amolecida
90 g de açúcar de confeiteiro
30 g de amêndoas em pó
1 pitada de sal refinado
1 ovo
250 g de farinha de trigo T45 peneirada

GANACHE *(ver tronco de Natal, p. 74)*
150 g de creme de leite fresco
1 colher (café) de cacau em pó (facultativo)
140 g de chocolate (70% de cacau) picado

TOQUE FINAL
50 g de açúcar de confeiteiro

Misturar com a espátula a manteiga, o açúcar, as amêndoas em pó e o sal. Incorporar o ovo e, para terminar, a farinha. Não trabalhar a massa durante muito tempo.

Depositar a massa em forma de quadrado sobre uma assadeira. Colocá-la na geladeira por pelo menos 2 horas.

Com o rolo, fazer a massa sablé atingir a espessura de 2 mm. Com a ajuda de uma fôrma vazada ou de uma faca, cortar quadrados de 10 cm de lado (1 sablé = 2 quadrados). Refrigerar 30 minutos. Preaquecer o forno a 170 °C.

Dispor os quadrados sobre uma assadeira que irá ao forno. Fazer alguns pequenos furos na massa com um garfo. Assar no forno durante 25 minutos. Retirar do forno e deixar esfriar.

Fazer o ganache e deixá-lo esfriar.

Espalhar um pouco de ganache sobre um primeiro quadrado do sablé, alisar com a espátula e fechar com a ajuda de um segundo quadrado de sablé. Polvilhar ligeiramente a parte superior do sablé com açúcar de confeiteiro. Os sablés se conservam por 3 dias.

Este sablé retoma a forma de um célebre
pequeno biscoito, que Jean-Paul Hévin
renova, intercalando um ganache
fondant entre os dois sablés.

* Biscoitos frágeis, de consistência quebradiça. (N. T.)

CHEESE CAKE

PARA 8 A 10 PESSOAS

DIFICULDADE : ☺ ☺ ☺

*Minha versão desse bolo clássico se aperfeiçoa com um
pequeno toque de... cacau, é claro!*

MASSA DOCE

300 g de manteiga amolecida
185 g de açúcar de confeiteiro
65 g de amêndoas em pó
1 pitada de sal
2 ovos
500 g de farinha
30 g de manteiga para untar a fôrma

MISTURA DE QUEIJO BRANCO

570 g de queijo branco a 0%
120 g de açúcar cristal
1 dose de baunilha em pó
70 g de fécula de batata
100 g de leite em pó
50 g de amido de milho
3 gemas de ovos (60 g)
70 g de suco de limão
450 g de claras de ovos
130 g de açúcar

TOQUE FINAL

2 colheres (sopa) de açúcar de confeiteiro
2 colheres (sopa) de cacau em pó

Misturar a manteiga, o açúcar de confeiteiro, as amêndoas em pó e o sal em uma tigela. Incorporar os ovos, depois a farinha. Não trabalhar a massa em demasia. Colocar na geladeira durante meio dia.

Preaquecer o forno a 180 °C. Providenciar uma fôrma redonda com a borda removível, bastante alta (entre 7 cm e 10 cm). Untar a borda. Com o rolo, deixar a massa com a espessura de 1 mm. Forrar o fundo da fôrma com um disco de massa, picá-la com o garfo e fechar bem a borda da fôrma. Pré-assar por 15 minutos. Retirar do forno e deixar esfriar.

Preaquecer o forno a 240 °C. Misturar em uma tigela bem grande o queijo branco, o açúcar cristal, a baunilha em pó, a fécula de batata, o leite em pó, o amido de milho, as gemas de ovos e o suco de limão. Bater as claras em neve com açúcar na batedeira. Incorporar uma parte das claras na preparação do queijo branco, depois despejar as claras restantes. Misturar bem, trabalhando com delicadeza. Preencher a fôrma e alisar a parte superior com a espátula. Colocar no forno a 240 °C durante 10 minutos. Quando a parte superior do bolo começar a ficar colorida (com a cor bastante marrom), baixar o forno para 150 °C durante 1 hora (abrindo a porta alguns instantes), e assar entre 50 a 60 minutos. Verificar o cozimento espetando o centro do bolo com a lâmina de uma faca (ou um espetinho) – ela deve sair limpa. Deixar esfriar e depois retirar da fôrma. Para terminar, polvilhar com açúcar de confeiteiro e com cacau, peneirando-os.

TARTELETTES DE CHOCOLATE

PARA 6 PESSOAS E CERCA DE 15 TARTELETTES

DIFICULDADE : ☺ ☺ ☺

Muito apreciado pelos gulosos e muito achocolatado, este doce famoso foi aperfeiçoado por M. Peltier, que foi o mestre de muitos pâtissiers da França.

MASSA DOCE COM CHOCOLATE

140 g de manteiga amolecida
90 g de açúcar de confeiteiro
30 g de amêndoas em pó
2 gotas de baunilha líquida natural
1 pitada de sal
1 ovo
230 g de farinha
25 g de chocolate (70% de cacau) picado e derretido

CREME PARA GUARNECER

250 ml de creme de leite fresco
280 g de chocolate (78% de cacau) finamente picado
2 ovos
2 gemas de ovos (40 g)
70 g de manteiga fresca

GLACÊ DE CHOCOLATE

150 g de chocolate (70% de cacau) picado
40 g de óleo vegetal

Preparar a massa. Misturar delicadamente em uma tigela a manteiga, o açúcar, as amêndoas em pó, a baunilha, o sal. Incorporar o ovo, a farinha, depois o chocolate. Formar um quadrado e colocar na geladeira durante meio dia. Estender a massa com o rolo, deixando-a muito fina, com uma espessura de mais ou menos 1 mm. Forrar pequenas fôrmas individuais ou uma fôrma grande de torta. Resfriar durante 30 minutos. Preaquecer o forno a 170 °C. Recobrir a massa das fôrmas individuais menores (ou de uma fôrma maior). Pré-assar no forno durante 15 minutos para as fôrmas individuais (ou 20 minutos para a forma grande). Retirar do forno. Deixar esfriar e retirar as fôrmas (ou a fôrma) que recobrem o fundo.

Preparar o creme. Ferver o creme de leite fresco. Despejá-lo sobre o chocolate picado. Misturar. Quando o chocolate estiver completamente derretido, incorporar os ovos e as gemas, depois adicionar a manteiga. Misturar. Verter no fundo das tortas pré-assadas. Deixar no forno a 170 °C durante 10 minutos. Retirar do forno e deixar esfriar.

Para fazer o glacê, derreter o chocolate em banho-maria, depois incorporar o óleo vegetal. Levar até a temperatura de 28 °C. Com a ajuda de uma colher, distribuir o glacê sobre toda a superfície da torta. Deixar esfriar 10 minutos na geladeira.

CONSELHO PARA DECORAR

Podem-se polvilhar as tartelettes com cacau em pó, acrescentar uma pitada de cacau em pó ou uma flor de chocolate no centro.

SOBREMESAS

Antigamente, a sobremesa incluía queijos, frutas, doces e guloseimas, prolongando a refeição com reticências até o momento final de exclamação, quando um café era servido no salão. Hoje, a sobremesa é uma preparação imediata servida *illico presto*. Como o suflê de chocolate, a espuma e o mil-folhas. Essa impaciência para transmitir o frio ou o quente ao paladar é a grande característica da sobremesa, tentação irresistível de que nos privamos como punição por não entrarmos nas roupas dos estilistas. Ao contrário da pâtisserie, as sobremesas nunca se conservam por mais de meio dia – o que as tornam a urgência mais deliciosa do repertório açucarado.

Inovações quentes e frias

Quando Jean-Paul Hévin se esmera em avivar o quente e o frio nas sobremesas, as receitas mais clássicas e conhecidas são atingidas por um arroubo de modernidade e mordacidade que, antes de derreter na língua, darão a volta pelo céu da boca sob forma de uma calda de chocolate frizzante, de uma ilha flutuante ou ainda de um mil-folhas gelado repleto de novidade.

Intenso e inesquecível: esse é o efeito da calda de chocolate à moda de Hévin, uma calda condimentada, temperada com rum, caramelizada ou aromatizada ao caramelo com manteiga salgada e cuja efêmera densidade recobrirá durante muito tempo, com superlativos, uma Pera Belle-Hélène, uma baba, umas profiteroles, até ser substituída, quente e sensual, pela tradicional frieza do creme inglês ao redor de uma ilha flutuante. Marcado com o selo da criação, o mil-folhas gelado combina o princípio da fatia napolitana comprimindo um sorvete de caramelo entre dois biscoitos de mil-folhas de chocolate e de massa sablée de chocolate. Coberto por calda de chocolate e servido "em pé", o mil-folhas gelado é uma sobremesa de restaurante que inverte a situação em seu proveito. Novidade absoluta revelada com total exclusividade nas páginas deste livro, a espuma de frutas é um exercício técnico-poético destinado a repousar o paladar entre duas extravagantes chocolatadas.

Graças a todas as delicadezas de hábito, é ao se injetar o licor de cacau no corpo impalpável das claras em neve – passadas no micro-ondas por 8 segundos, nem um a mais – que se formará essa espuma. Pequena sobremesa volátil e inventiva, ao mesmo tempo cremosa e cheia de polpa, acidulada com framboesa e geleia de pétalas de rosas, ela é saboreada na sua leveza com uma ponta de exotismo, assim que fica pronta – aromatizada com suco de lichia –, e derrete na língua com insolência. Uma nuvem divina ou, talvez, um pedaço do paraíso saborosamente inalcançável.

Para os verdadeiros gulosos, mesmo a tigela pode ser feita de chocolate (p. 128)! As criações das sobremesas variam ao infinito ao redor deste último: o chocolate quente denso e poderoso (no alto, à esquerda) ou o suflê que alia a leveza à força do chocolate (no alto, à direita) até as sobremesas só com chocolate. As misturas de frutas e de chocolate permitem criar um contraste de sabores: a espuma de frutas combina chocolate e framboesa (embaixo, à esquerda), enquanto o mil-folhas gelado pode enfeitar todos os tipos de sorvetes com biscoito de chocolate (embaixo, à direita).

CHOCOLATE QUENTE

PARA 6 PESSOAS

DIFICULDADE : ☻

*Uma bebida reconfortante que proporciona
prazer e dá um pouco de energia.*

*800 ml de leite integral fresco
8 colheres (sopa) de pó de chocolate quente*

Aquecer o leite e acrescentar o pó de chocolate quente.
Levar à ebulição durante 1 minuto batendo vigorosamente. Beber bem quente.

600 ml de leite integral fresco

*3 colheres (café) cheias de cacau em pó
150 g de chocolate escuro amargo (67% de cacau) cortado
bem fino*

Ferver o leite e adicionar o cacau em pó. Obter um caldo
leve. Despejar sobre o chocolate moído.

TRUQUE

Acrescentar algumas especiarias como noz-moscada, canela, gengibre. No entanto, o atrevimento de fazer essas misturas deve se limitar a pequenas quantidades.

MIL-FOLHAS GELADO

PARA 8 PESSOAS

DIFICULDADE : ☻ ☻ ☻ ☻

*Não é verdadeiramente uma receita, mas uma bela apre-
sentação para combinar mil-folhas e sorbet* ou sorvete.*

MASSA FOLHADA COM CHOCOLATE
(ver ingredientes na p. 110)

SORBET DE FRUTAS
*160 ml de água
10 g de glicose
120 g de açúcar
270 g de polpa de frutas frescas
170 g de pequenos pedaços de frutas
35 g de suco de limão*

Preparar e assar dois retângulos de folhado de chocolate (*ver
receita de Mil-folhas na p. 110*).

Formar um retângulo de sorbet ou de sorvete (*ver as receitas
de Sorbet na p. 142*) ligeiramente menor que os retângulos do
folhado. Isso pode ser feito com faca ou com uma pequena
forma retangular. Recolocar no congelador. Preparar uma
tigela com água bem quente.

Mergulhar nela a fôrma congelada ou uma faca para retirar o
sorbet ou o sorvete da fôrma. Colocar entre dois retângulos
de folhado de chocolate.

---

* O sorbet é preparado apenas com suco de frutas, polpas, pedaços de frutas e açúcar batidos com água. (N. T.)

SUFLÊ

PARA 10 PESSOAS

DIFICULDADE :

Arrisque-se com os suflês. Eles não são difíceis de preparar, e apaixonam a qualquer um. Para 10 pessoas, no entanto, é mais fácil fazer suflês individuais em vez de um só, difícil de assar de modo uniforme. Você pode se adiantar preparando o creme de véspera.

500 ml de leite integral
220 g de açúcar em pó
2 vagens de baunilha abertas e raspadas
10 gemas de ovos (200 g)
10 claras de ovos (320 g)
60 g de fécula ou de amido de milho
50 g de cacau em pó

PARA A FÔRMA
30 g de manteiga amolecida
30 g de açúcar
30 g de açúcar de confeiteiro

Ferver o leite com 50 g de açúcar e a baunilha em uma caçarola bastante grande. Retirar do fogo e deixar de infusão durante 5 minutos antes de retirar a baunilha. Bater 5 gemas, até ficarem mais claras, com 110 g de açúcar e acrescentar a fécula ou o amido de milho e misturar bem. Despejar o leite aromatizado com a baunilha sobre a mistura das gemas. Mexer e depois despejar o todo na caçarola. Cozinhar durante 1 minuto, retirar do fogo. Deixar o creme esfriar durante alguns minutos e adicionar as 5 gemas de ovos restantes, batendo bem. Deixar esfriar 10 minutos, mexendo de tempos em tempos.

Bater as 10 claras em neve com o açúcar restante, misturar um quarto das claras em neve ao creme, depois despejar tudo sobre o resto das claras. Misturar novamente de maneira delicada.

Preaquecer o forno a 200 °C. Untar com manteiga e polvilhar açúcar nas fôrmas de suflê com 8 cm a 10 cm de diâmetro. Despejar o creme nas fôrmas, até uma altura de dois terços da fôrma. Polvilhar o açúcar de confeiteiro e assar no forno durante 5 minutos. Diminuir o fogo para 170 °C e continuar a assar os suflês por 20 a 30 minutos.

Servir quente, polvilhado com o pó de cacau.

Com o suflê, é preciso não perder nem um minuto e saboreá-lo assim que ele sai do forno. Senão, a magia se perde!

ESPUMA DE FRUTAS

PARA 8 SOBREMESAS SERVIDAS EM GRANDES COPOS DE VIDRO

DIFICULDADE : ☺ ☺

*Esta sobremesa tão leve, com sabor de fruta, é muito contemporânea.
E também é muito prática, pois pode ser preparada inteiramente de
antemão, depois aquecida alguns segundos no
micro-ondas antes de ser saboreada.*

FRUTAS
100 g de polpa de framboesas
100 g de geleia de pétalas de rosa

ESPUMA
± 2 claras de ovos (60 g)
20 g de polpa de lichias
10 g de licor de cacau
20 g de açúcar em pó

Em uma caçarola, aquecer lentamente a polpa de framboesas e a geleia e deixar ferver por 1 segundo. Deixar esfriar
alguns minutos e despejar nos copos de vidro.

Bater suavemente as claras em neve com o açúcar. Adicionar
em seguida o licor de cacau, depois a polpa de lichias, sem
parar de bater.

Preencher os copos de vidro com a ajuda de um saco de
confeiteiro com bico nº 9. Imediatamente antes de servir,
colocar no micro-ondas, potência máxima, durante 8
segundos.

CONSELHO
Para obter a polpa de framboesa, misturar no liquidificador
ou processador 200 g de framboesas, depois passá-las pela
peneira. Para a polpa de lichias, retirar os caroços de 60 g de
lichias e passar no liquidificador. A geleia de pétalas de rosa
é encontrada na seção de doces de frutas das boas lojas.

*A espuma de frutas é o que os chocolatiers
chamam de uma sobremesa de "bimaterialidade":
a musse aerada e volátil se superpõe a uma geleia
firme enfeitada com pedaços de framboesas.
Uma surpresa para os olhos e o paladar.*

MUSSE DE CHOCOLATE CROCANTE

PARA CERCA DE 8 COPOS DE VIDRO OU RAMEQUINS* DE 6 CM A 7 CM DE DIÂMETRO

DIFICULDADE : ☺ ☺

O auge do refinamento para ornamentar esta musse de chocolate: acompanhá-la com um brioche servido morno, como eu a preparava quando trabalhava com Joël Robuchon. Sem dúvida, é uma combinação harmônica que deve ser experimentada.

3 gemas de ovos frescos (60 g)
50 g de açúcar
350 ml de creme de leite fresco
50 ml de leite integral fresco
125 g de chocolate picado (70% de cacau)

60 g de mistura crocante (pérolas de chocolate, macarons, arroz crocante, amêndoas ou avelãs picadas e caramelizadas).

Em uma tigela, bater as gemas na batedeira com a metade do açúcar até a mistura ficar clara.

Em uma segunda tigela, bater o creme de leite fresco na batedeira até obter uma consistência bem leve. Reservar na geladeira. Despejar em uma caçarola o resto do açúcar e o leite. Ferver e despejar 1/3 do leite sobre a mistura das gemas clareadas. Mexer e depois tornar a despejar o todo na caçarola e cozinhar a 85 °C. Cuidar para não cozinhar demais. Retirar do fogo. Colocar o chocolate picado em uma tigela e regar com a mistura de leite com ovos; misturar bem para obter um ganache liso e brilhante. Para a etapa seguinte, deixar o ganache atingir a temperatura de 50 °C, mais ou menos, e despejar sobre ele uma pequena quantidade de creme de leite batido. Misturar bem. Despejar tudo sobre o creme e misturar de novo.

Incorporar a mistura crocante à musse, reservando alguns pequenos pedaços para o toque final. Com a ajuda de um saco de confeiteiro, preencher os copos de vidro ou os ramequins com musse de chocolate.

Colocar por 1 hora no refrigerador. Decorar com alguns pedaços da mistura crocante imediatamente antes de saborear. A musse de chocolate se mantém saborosa se consumida no mesmo dia.

VARIANTE

A mistura crocante pode ser incorporada no final da preparação da musse. Para manter o crocante, saborear imediatamente.

---

* Pequenas vasilhas de louça branca, em geral estriadas do lado de fora, próprias para serem levadas ao forno. (N. T.)

Esta receita permite criar um contraste entre a sensação de fondant da musse de chocolate e o crocante dos pequenos pedaços de biscoitos secos, do nugá, das frutas secas picadas ou caramelizadas e do arroz crocante.

POTE DE CHOCOLATE

PARA 6 PESSOAS

DIFICULDADE : ☺ ☺

*Muito diferente da musse de chocolate que o precede, saboroso
e refinado, embora também simples de preparar, o sedutor
pote de chocolate deve ser apreciado morno.*

500 ml de leite fresco integral
15 g de cacau em pó
3 ovos
1 clara de ovo (30 g)
125 g de açúcar em pó
10 g de chocolate picado (80% de cacau)

Preaquecer o forno a 130 °C. Aquecer o leite e acrescentar o cacau em pó. Deixar ferver.

Em uma tigela, usando o batedor, fazer espumar os 3 ovos, a clara de ovo fresco e o açúcar em pó.

Despejar o leite fervente sobre a mistura, bater vigorosamente e acrescentar o chocolate. Continuar a bater para misturar bem.

Despejar a mistura em pequenos potes ou ramequins. Assar ao forno em banho-maria durante 20 minutos. Retirar do forno, deixar esfriar e consumir morno.

CONSELHO
Como exceção em sua categoria, o pote de chocolate pode ser conservado 2 ou 3 dias no refrigerador, mas não deve ser saboreado muito frio.

*O material ideal dos potes de chocolate que
são postos no forno é a porcelana, que
conduz o calor do banho-maria de maneira
eficaz. E os ramequins também são
bonitos à mesa!*

SORBETS

PARA 6 PESSOAS

DIFICULDADE : ⊚ ⊚

*Os sorbets são muito fáceis de preparar em casa – é suficiente ter uma
sorveteira para centrifugá-los. Utilize as frutas da estação e saboreie-os
o mais rapidamente possível, de preferência no mesmo dia.
Um prazer garantido.*

SORBET DE CACAU

400 ml de água

200 g de açúcar

40 g de cacau em pó

100 g de chocolate picado (100% de cacau)

Ferver a água e o açúcar, depois retirar do fogo. Acrescentar o cacau em pó, levar à ebulição. Incorporar o chocolate. Deixar a mistura esfriar. Passá-la na sorveteira até obter a consistência desejada. Com a ajuda de uma colher de sorvete, preencher os copos de coquetel frios.

SORBET DE FRAMBOESA

160 ml de água

10 g de glicose

120 g de açúcar

270 g de polpa de framboesas

170 g de pequenos pedaços de framboesas

35 g de suco de limão

CALDA COADA

50 g de polpa de frutas

20 g de açúcar

20 g de água

Ferver a água, a glicose e o açúcar. Retirar do fogo. Acrescentar a polpa, os pequenos pedaços de framboesa e o suco de limão. Colocar na geladeira. Despejar em uma sorveteira e centrifugar até obter a consistência desejada.

Para a calda, ferver a polpa de frutas, o açúcar e a água em uma caçarola e reservar na geladeira.

TRUQUES

Preparar uma grande quantidade de purê de frutas frescas da estação e congelar. Para fazer o *sorbet*: quando cerca de 3/4 do purê de frutas estiver descongelado, passar na sorveteira com a calda.

CONSELHO

Para outros *sorbets*, substituir a polpa e os pedaços de framboesas por mangas, frutas vermelhas, morangos, etc.

OBSERVAÇÃO

Encontram-se no comércio batedeiras que oferecem a opção "assessório sorveteira", de fácil utilização.

*Alguns amantes de cacau preferem o sorbet, de gosto mais autêntico
do que o sorvete de chocolate, que apesar de tudo continua sendo um
grande clássico.*

PERA BELLE-HÉLÈNE

PARA 8 PESSOAS

DIFICULDADE : ☺ ☺ ☺

Este clássico delicioso é fácil de fazer e pode ser preparado de antemão. No momento de servir você só precisa regá-lo com chocolate quente.

CALDA

1,5 l de água
600 g de açúcar cristal
2 vagens de baunilha abertas e raspadas
8 peras d'água
2 limões amarelos orgânicos ou não tratados

CREME CHANTILLY

300 g de creme de leite fresco
30 g de açúcar de confeiteiro

NUGÁ DE CHOCOLATE

100 g de açúcar cristal
100 g de amêndoas picadas
50 g de chocolate picado (80% de cacau)
50 g de manteiga
Óleo vegetal para untar a assadeira

CHOCOLATE QUENTE

300 ml de leite
300 g de pó de chocolate quente
50 g de manteiga

Preparar a calda. Em uma caçarola, colocar a água, o açúcar e a baunilha. Ferver durante 2 a 3 minutos e depois deixar esfriar. Descascar as peras com o descascador de legumes, cortar os limões e besuntar as peras com limão. Depositar de imediato na calda fria e recobrir com papel-manteiga. Deixar ferver por 7 a 10 minutos. Verificar o cozimento com a ponta de uma faca: a pera deve estar firme e a faca deve sair facilmente. Deixar esfriar dentro da calda. Enquanto isso, bater na batedeira o creme de leite fresco muito frio com o açúcar de confeiteiro. Guardar na geladeira.

Preparar o nugá. Em uma caçarola cozinhar o açúcar cristal seco, fazendo um caramelo dourado. Retirar do forno. Acrescentar as amêndoas picadas, o chocolate e a manteiga. Misturar suavemente com uma espátula de madeira. Depositar sobre uma assadeira de metal untada com óleo. Espalhar o mais possível com a espátula. Deixar endurecer. Picar o nugá grosseiramente.

Para a montagem, escavar as peras pela parte de cima para extrair o núcleo. Segurando-as por baixo, enchê-las com creme chantilly, depois com pequenos pedaços de nugá. Colocar sobre taças de doces e reservar.

Preparar o chocolate quente, colocando em uma caçarola o leite e o pó de chocolate quente. Esquentar, mexendo com a colher. Acrescentar a manteiga de chocolate bem quente, misturar. Regar cada pera e servir.

NUAGE DES DIEUX

PARA 6 PESSOAS

DIFICULDADE : ☻ ☻

A mais rápida das sobremesas e sem dúvida a única
para a qual indico o uso de micro-ondas!
Decore segundo sua inspiração.

CALDA DE CHOCOLATE

90 ml de água
100 ml de leite
60 g de creme de leite fresco
30 g de açúcar em pó
150 g de chocolate picado (70% de cacau)

MERENGUES

8 claras de ovos (250 g)
160 g de açúcar em pó
30 g de manteiga amolecida para untar
30 g de açúcar em pó para polvilhar a manteiga

Para a calda de chocolate, ferver em uma caçarola a água, o leite, o creme de leite fresco e o açúcar. Acrescentar o chocolate e misturar com o batedor. Continuar a ferver o todo. Reservar, mantendo quente.

Para os merengues, bater as claras em neve na batedeira, com pouca velocidade, com uma colher de açúcar.

Acrescentar pouco a pouco a primeira metade do açúcar restante, continuando a bater mais rapidamente

Depois que as claras estiverem em neve, diminuir a velocidade e incorporar a outra metade dos 160 g de açúcar. Parar de bater. Com a ajuda de um pincel, untar com manteiga o interior de uma tigela com 8 cm de diâmetro, polvilhar com açúcar e dispor as claras em neve com a ajuda de uma colher ou de um saco de confeiteiro com bico nº 8.

Cozinhar no micro-ondas (potência máxima) durante 15 segundos. Tirar imediatamente da fôrma e colocar sobre papel-manteiga. Recomeçar a operação para fazer os outros merengues.

Despejar na tigela, com a concha, a calda de chocolate quente. Depositar os merengues no centro. Saborear imediatamente.

CONSELHO

Algumas aparas de chocolate serão suficientes para aperfeiçoar esse prazer celestial.

Esta ilha flutuante, com linhas fluidas e
gráficas, permite redescobrir uma sobreme-
sa clássica; em geral, é acompanhada por
creme inglês.

CLAFOUTIS

PARA 5 PESSOAS

DIFICULDADE : ✊

Dizem que esta sobremesa simples, de origem camponesa, da região de Limousin, era cozida antigamente sobre folhas de couve... Revista e modificada com um pouco de chocolate, é deliciosa.

250 g de creme fresco espesso
100 g de açúcar em pó
3 ovos
20 g de chocolate (70% de cacau) picado e derretido
50 g de farinha de trigo T45
1 pitada de sal fino
330 g de cerejas sem caroço

PARA O TOQUE FINAL
6 cerejas com caroço
1 colher (sopa) de amêndoas em lascas torradas

Preaquecer o forno a 160 °C. Misturar o creme fresco, que deve estar em uma temperatura de 20 °C, com o açúcar por meio de um batedor. Acrescentar os ovos um a um e formar uma emulsão.

Incorporar a farinha e o sal, depois o chocolate (muito quente). Misturar delicadamente. Dispor as cerejas sem caroços em seis pequenas tigelas ou uma tigela grande, que deverá ir ao forno.

Despejar a mistura por cima. Levar ao forno por 15 minutos (20 minutos para a tigela grande). Tomar cuidado para não deixar muito tempo no forno: a torta pode engrossar e perder sua delicadeza. Retire do forno e deixe esfriar.

Para terminar, decorar com as cerejas com caroço e lascas de amêndoas torradas. Saborear morno.

Este clafoutis é o resultado da combinação sempre bem-sucedida de frutas vermelhas e chocolate.

PETITS-FOURS

PARA 20 PETITS-FOURS

DIFICULDADE : ☻ ☻ ☻ ☻ ☻

Estes petits-fours são perfeitos para o final da refeição,
em especial de um jantar abundante.
Divirta-se variando as decorações...

BISCOITO
3 folhas de biscoito de 7 cm x 25 cm

MUSSE
150 g de chocolate (70% de cacau) picado
250 g de creme de leite fresco

PONCHE
150 g de polpa de framboesas
150 g de açúcar em pó

Para o ponche, misturar bem a polpa e o açúcar. Esquentar ligeiramente e misturar bem novamente. Deixar esfriar.

Preparar as 3 folhas de biscoito seguindo a receita de safi (*ver pp. 106-107*). Colocar as folhas de biscoito sobre uma assadeira e embebê-las com o ponche com a ajuda de um pincel.

Para a musse, derreter o chocolate a 45 °C. Bater o creme de leite fresco na batedeira. Despejar um terço sobre o chocolate, mexendo energicamente com o batedor. Misturar bem. A temperatura deve agora ter baixado para 35 °C.

Despejar a mistura toda sobre o restante do creme batido e misturar energicamente de novo com o batedor.

Para a montagem, colocar 40% da musse sobre uma primeira folha de biscoito, espalhando com a espátula para bolo. Dispor outra folha de biscoito por cima e embebê-la com o restante do ponche, com o pincel. Espalhar novamente 40% da musse, colocar o último biscoito e acrescentar o resto do ponche. Alisar com a musse que sobrou, deixando o mais liso possível. Colocar para esfriar na geladeira. Cortar em pequenos retângulos (*petits-fours*) de cerca de 2 cm a 3,5 cm.

TRUQUES
Para obter 150 g de polpa de framboesa, bater 350 g de framboesas no liquidificador e depois passar pela peneira.

O biscoito deve ser guardado no congelador e a musse se conserva por 2 dias na geladeira.

TOQUE FINAL
Polvilhar cacau em pó ou espalhar uma fina camada de geleia de framboesa.

Petits-fours de chocolate e framboesa e de
chocolate e laranja.

PEQUENAS DELÍCIAS

INOVAÇÕES NO COTIDIANO

Saborear, se consolar, antecipar um estresse: desde sempre, o chocolate é um reconforto que pode ser ingerido a qualquer hora. Furtivos ou expostos, egoístas ou compartilhados, os pequenos prazeres do cacau, para os quais os maiores confeiteiros, os melhores pâtissiers e os mestres chocolatiers não cessaram nunca de inventar, participam da contemporaneidade e da universalidade do chocolate. Do café da manhã ao coquetel aperitivo, na cidade e nas férias, desde as refeições leves e rápidas até as guloseimas consistentes da tarde, as formas de degustação do chocolate que se leva na mão durante um passeio antecipam ou transcendem os costumes, os hábitos e os rituais. Ninguém mais se esconde para comer um pedaço de chocolate surrupiado da despensa da própria casa ou para devorar duas bombas no fundo de um salão de chá: as virtudes do cacau fizeram desaparecer os vícios da gula. Aliás, a gulodice quase não é mais um pecado capital. Enobrecido, sofisticado, criativo, o chocolate se aproveita dessa indulgência para se impor com todo hedonismo no cotidiano. Um chocolate crocante, fondant, macio, espumoso, que mordiscamos, trincamos ou bebemos em pequenos goles, fazendo o prazer durar, prolongando os sabores até o pesar do último pedacinho, da última gota. Com uma pitada de descaramento cosmopolita logo que o pão de chocolate dá lugar ao muffin, o milk-shake substitui uma soda, ou os canapés desbancam as torradas, o chocolate de primeira categoria de Jean-Paul Hévin se mantém firme todos os dias, úteis ou feriados, e em horas amplamente suplementares. Chocolate todos os dias, de qualquer modo, para lamber os dedos – o que em suma é bem normal para este autêntico *finger food* que faz desfalecer de prazer.

Pralinado Longchamp recoberto de chocolate escuro amargo ou ao leite: um dos raros doces de Jean-Paul Hévin feitos a partir de creme de manteiga para os nostálgicos dos doces de antigamente (p. 152).

Para consumir sem culpa, marshmallows com aparência japonesa (no alto, à esquerda) e minitartelettes doces-salgadas para servir na hora do aperitivo (no alto, à direita). O milk-shake de chocolate constitui uma excelente sobremesa para beber (em baixo, à esquerda) e a baguete de pão se enfeita com uma suculenta calda de chocolate para ser mordida tal qual (em baixo, à direita).

CANAPÉS DE CACAU E PARMESÃO

PARA 45 CANAPÉS

DIFICULDADE : ☺ ☺

*As combinações harmoniosas de especiarias com cacau continuam a
espantar muitas pessoas, e ainda há muito a fazer nesse quesito.
É melhor ter a mão leve para começar.*

MANTEIGA DE CACAU

fatias de pão integral
200 g de manteiga amolecida
40 g de cacau em pó
20 g de licor de cacau
2 pitadas de pimenta vermelha em pó
2 pitadas de noz-moscada em pó
1 pitada de sal
1 pitada de pimenta (branca ou preta)

COBERTURA COM PARMESÃO

100 g de parmesão ralado na hora
25 folhas de manjericão
1 pitada de pimenta (branca ou preta)
4 colheres (sopa) de azeite de oliva

PARA O TOQUE FINAL

150 g de arenque defumado
150 g de filé de salmão fritado em azeite de oliva
150 g de salmonete (rouget) fritado em azeite de oliva
50 g de chocolate (80% de cacau) finamente picado

Para a manteiga de cacau, misturar com o batedor todos os ingredientes numa tigela. Espalhar sobre as fatias de pão integral. Colocar no refrigerador por 15 minutos mais ou menos. Cortar em quadrados ou em rodelas de 4 cm de diâmetro com a ajuda de uma faca ou de uma fôrma vazada.

Para a cobertura com parmesão, triturar o parmesão com o manjericão e a pimenta no liquidificador. Despejar lentamente o azeite de oliva e continuar a triturar.

Para o toque final, cortar o arenque em cerca de quinze pedaços e fazer o mesmo com o salmão e o salmonete. Dispor os pedaços de arenque sobre 15 canapés.

Sobre outra série de canapés, colocar os pedaços fritos de salmão. Polvilhar com sal e pimenta.

Sobre a última série, colocar os pedaços fritos de salmonete. Polvilhar com sal e pimenta.

Colocar sobre cada canapé um pouco da cobertura de parmesão. Terminar acrescentando um pouco de chocolate picado.

MILK-SHAKE

PARA 8 PESSOAS

DIFICULDADE : ☺ ☺

Este suntuoso milk-shake à moda de Hévin deve ser saboreado muito fresco,
com a ajuda de uma colher de compota.

1 l de leite integral bem frio

CREME DE CHOCOLATE ESCURO AMARGO
45 ml de água
50 ml de leite integral
30 g de creme de leite fresco
15 g de açúcar
75 g de chocolate (70% de cacau) picado

CHANTILLY
150 g de creme de leite fresco
1 colher (café) de caramelo líquido
50 ml de leite integral

Para preparar o creme de chocolate escuro amargo, despejar em uma caçarola a água, os 50 ml de leite, o creme de leite fresco e o açúcar. Levar à ebulição. Acrescentar a metade do chocolate e levar de novo à ebulição, misturando tudo. Retirar do fogo.

Fora do fogo, acrescentar o resto do chocolate. Misturar bem e reservar.

Para o chantilly, bater o creme de leite fresco no batedor, em uma tigela. Acrescentar a colher de caramelo líquido e os 50 ml de leite. Misturar delicadamente.

No momento de servir, colocar no fundo de cada copo uma colher (sopa) de creme de chocolate.

Bater o leite no liquidificador para aerá-lo bem. Repartir nos copos, colocar em cima o creme chantilly.

VARIANTE
Para saborear esta sobremesa bem fresca, pode-se substituir o creme de chocolate por quatro bolas de sorvete de chocolate ou de *sorbet* de cacau e batê-las no liquidificador, com o leite integral, por cerca de 2 minutos.

Decorar, se desejar, com um grão de café
envolto em chocolate ou com um pouco de
pó de chocolate.

CARAMELOS DE CHOCOLATE

PARA 50 CARAMELOS

DIFICULDADE : ☺ ☺ ☺

A gulodice por excelência e a felicidade dos dentistas.
Quando comemos um caramelo, comemos dez...

115 g de xarope de glicose
200 g de açúcar cristal em pedaços
180 g de creme de leite fresco
15 g de mel
100 g de chocolate (70% de cacau) picado
35 g de manteiga

Obter um caramelo a seco, derretendo em uma caçarola o xarope de glicose, depois acrescentando os pedaços de açúcar um a um.

Enquanto isso, levar à ebulição, em uma segunda caçarola, o creme de leite fresco, o mel, o chocolate e a manteiga. Retirar do fogo.

Assim que o caramelo começar a fumegar, retirar imediatamente a caçarola do fogo. Despejar pouco a pouco 30% do creme de leite fresco quente, misturar bem. Atenção aos salpicos! Adicionar o resto do creme de leite fresco, misturando para diminuir o grau de cozimento e dar ao caramelo uma consistência macia.

Recolocar no fogo e levar a 115 °C, misturando bem de novo. Retirar do fogo.

Despejar a preparação em uma fôrma quadrada até alcançar 16 mm de altura. Deixar esfriar durante duas horas e cortar em 50 quadrados pequenos.

Para conservar o aspecto fresco e macio dos
caramelos, é preferível envolvê-los
em celofane de bombom.

MUFFINS

PARA CERCA DE 35 MUFFINS

DIFICULDADE : ✆

*Fáceis de fazer, fáceis de transportar e fáceis de comer, os muffins são
perfeitos para um piquenique e agradam tanto às crianças como aos
adultos. Não esquecer que esta especialidade de origem americana é
um agradável acompanhamento para o chá.*

190 g de açúcar

2 ovos pequenos

125 ml de leite integral

75 g de manteiga derretida

215 g de farinha peneirada

40 g de fécula de batata

20 g de fermento em pó

1 casca raspada de limão orgânico ou não tratado

*125 g de chocolate escuro amargo (entre 70% e 78% de
cacau) picado e derretido*

40 g de avelãs picadas

30 g de manteiga amolecida para untar as fôrmas

30 g de farinha para as fôrmas

Misturar o açúcar (reservando 20 g), os ovos, o leite e a
manteiga derretida. Peneirar e incorporar a farinha, a fécula, assim como o fermento em pó e as raspas da casca de
limão. Mexer suavemente. Terminar a mistura incorporando delicadamente o resto do açúcar, o chocolate derretido
e as avelãs picadas.

Deixar repousar 2 horas no refrigerador. Preaquecer o forno a
180 °C. Untar e polvilhar com farinha pequenas fôrmas redondas (5 cm a 6 cm de diâmetro). Enchê-las até dois terços com
o preparo. Assar durante cerca de 20 a 25 minutos. Retirar do
forno, deixar esfriar e saborear morno, de preferência.

VARIANTES

Para uma apresentação refinada e para facilitar o transporte dos
muffins, colocar a preparação diretamente em pequenas caixi-
nhas de papel depositadas nas fôrmas. O preparo para fazer os
muffins pode ser conservado de 3 a 4 dias na geladeira.

Para obter pepitas de chocolates dentro dos muffins, picar
finamente 40 g de chocolate com 70% de cacau. Incorporar
as pepitas somente no final da preparação da mistura.

*Variar os prazeres acrescentando à preparação
frutas frescas ou secas: framboesas, pequenos
pedaços de banana-passa ou gengibre cristalizado,
de acordo com o seu gosto e a estação.*

ESPETINHOS DE FRUTAS FRESCAS COM CHOCOLATE

PARA 4 PESSOAS

DIFICULDADE : ✪

Deixe seus convidados se servirem desta simpática sobremesa que nunca deixa de impressionar.

CALDA DE CHOCOLATE
100 ml de água
70 g de creme de leite fresco
120 ml de leite integral
40 g de açúcar
180 g de chocolate (70% de cacau) picado

FRUTAS
Frutas frescas da estação não muito ácidas: eu escolhi kiwi, banana, morango e damasco fresco.

Para preparar a calda, levar à ebulição em uma caçarola a água, o creme de leite fresco, o leite e o açúcar. Despejar o chocolate picado nessa mistura. Mexer. Cozinhar lentamente durante 10 minutos, mexendo de tempos em tempos, e reservar.

Cortar as frutas em pedaços bonitos e colocá-las em espetinhos. Deixar cada convidado se servir, mergulhando o espetinho na calda bem quente: você perceberá o entusiasmo por esta sobremesa.

TRUQUES
A calda deve ser servida bem quente – ela pode ser preparada de antemão e ser aquecida no micro-ondas 1 minuto imediatamente antes de servir.

Para tornar esta sobremesa mais sedutora ainda, preparar frutas carameizadas: esquentar uma caçarola ou uma pequena frigideira. Polvilhá-la com 10 g de açúcar em pó e caramelizar. Acrescentar as frutas, mais uma colher (café) de mel de montanha e misturar com a espátula em madeira. Retirar do fogo. Dispô-las sobre a calda de chocolate quente, depois colocar os espetinhos de frutas frescas.

Sobremesa rápida, ideal para as crianças, que gostarão de seu aspecto lúdico, em que a calda de chocolate é servida à vontade...

O QUE BEBER COM O CHOCOLATE?

A questão poderia, de início, parecer incongruente pois o chocolate é, antes de tudo, também uma... bebida.

É o chocolate sólido, elaborado, sofisticado ao extremo, um chocolate que é mordido e derrete na boca que interessa aqui aos amadores e aos puristas. O que beber com esse chocolate? E, sobretudo, o que não beber? Simplesmente, nada que se pareça de perto ou de longe com um refrigerante à base de noz-de-cola, com uma tônica, com um suco de frutas ácidas como as frutas vermelhas ou os mirtilos, com um suco de citrinos – laranja e grapefruit – ou com um licor. "Os vinhos brancos e os champanhes também não são recomendáveis, porque sua acidez é pouco compatível com os sabores cacau", comenta Jean-Paul Hévin. "Quanto aos uísques, conhaques, armanhaques e os bas-armanhaques , sua degustação é bem acompanhada por um chocolate, mas o inverso está longe de ser tão convincente", impõe o mestre chocolatier.

Para acompanhar a degustação de bombons de chocolate ou de pâtisserie de chocolate, ao mesmo tempo que elogia as virtudes neutras da água mineral sem gás, Jean-Paul Hévin preconiza um vinho tinto picante do tipo Côtes-du--Roussillon, um vinho amarelo dos viticultores de Jura, pouco açucarados (também chamados de vinhos de palha: antiga técnica ainda praticada em muitas regiões vinícolas), até mesmo vinhos doces naturais, como o Banyuls (vinho de sobremesa), o Rivesaltes (moscatel), mas também, e bem evidentemente, o Porto e o xerez. "Para o meu gosto, é com o café que o chocolate se torna magnífico", se entusiasma Hévin, antes de precisar que a "doçura de um café-arábico da Colômbia 'sobre' uma musse de chocolate vale todos os pecados de gula do mundo". Agora, com um bombom de chocolate recheado com pralinado, Hévin aconselha beber um chá leve; com bombons recheados com ganache aromatizado com chá, um chá fumado ou um Earl Grey.

Finalmente, quando decidimos morder, com muito apetite, um tablete de chocolate amargo, a regra de ouro é não beber nada.

Na seção pâtisserie, Jean-Paul Hévin considera combinações ainda mais sutis e, no entanto, mais afirmativas: a sobremesa Ecuador, um merengue com amêndoas e musse de chocolate muito amarga, se harmoniza maravilhosamente com o Mas Amiel dez anos, um vinho cultivado nas vizinhanças da aldeia de Maury, tinto doce e natural com toques de café e de cacau e aroma de frutas em conserva. Biscoito de cacau com amêndoas, musse de chocolate e laranjas amargas: o safi aceita de maneira ideal o aroma de cerejas escuras em compota e o gosto de frutas vermelhas picantes do Vintage de Mas Amiel. No verão, com um sorvete de chocolate, é melhor beber água ou bebericar um chá frio; com um sorbet de chocolate, um chá verde quente será muito acertado. No inverno, para as festas de fim de ano, a bûche de Nöel aceita tantos os vinhos tintos discretos como os Côtes-du-Rhône ou os vinhos de Roussilon, delicadamente picantes. O bolo de Reis pede os vinhos brancos doces (Madiran, produzidos em torno da aldeia de Madiran), e até mesmo os vinhos brancos doces e borbulhantes do Loire.

Festivos e alegres, os macarons seguem as mesmas recomendações acrescidas de champanhe; aerado e denso ao mesmo tempo, o suflê de chocolate ficará delicioso acompanhado por vinho branco doce e borbulhante como o Prosecco. Por fim, as madeleines podem ser deliciosamente mergulhadas no chá, bem como no chocolate quente.

Dois requintes em perfeito acordo para Jean-Paul Hévin, mas também uma nova questão: o que comer com a bebida de chocolate?

COPO DE VIDRO COM CHOCOLATE E COCO

PARA CERCA DE 8 COPOS DE VIDRO

DIFICULDADE : ◉ ◉

GANACHE CREMOSO DE CHOCOLATE
300 g de creme de leite fresco
110 g de chocolate picado (entre 55% e 70% de cacau)

MOELLEUX DE CHOCOLAT (bolo de chocolate cremoso por dentro)
220 g de chocolate escuro amargo (70% de cacau) picado
200 g de açúcar cristal
6 ovos
70 g de farinha
30 g de fécula de batata
10 g de coco ralado
50 g de manteiga para untar as fôrmas

CHANTILLY COM LEITE DE COCO
200 g de creme de leite fresco
20 g de açúcar de confeiteiro
50 g de leite de coco

Para o moelleux, derreter o chocolate em banho-maria a 40-45 °C. Peneirar juntamente a farinha e a fécula. Em outro recipiente, misturar os ovos e o açúcar cristal com o batedor, depois despejar de uma vez a farinha e a fécula, mexendo delicadamente. Adicionar essa mistura ao chocolate derretido, sem misturar demais.

Preaquecer o fogo a 170 °C. Escolher ramequins redondos com diâmetro menor dos que os copos para a apresentação final. Untar as fôrmas e enchê-las. Assar a 170 °C durante mais ou menos 25 minutos. Para verificar o cozimento, mergulhar a ponta de uma faca em um dos moelleux. Se a lâmina sair com poucos traços da mistura, retirar os moelleux do forno e deixar esfriar.

Para o ganache, aquecer o creme de leite fresco e fervê-lo durante alguns segundos, depois deixá-lo esfriar até atingir 75 °C. Em seguida despejar o creme sobre o chocolate picado e misturar bem.

Despejar um fundo de ganache nos copos, depois tirar delicadamente o moelleux das fôrmas. Colocá-los sobre o fundo de ganache recém-colocado nos copos e despejar novamente uma pequena quantidade de ganache sobre o moelleux.

Reservar na geladeira durante 30 minutos para deixar o ganache endurecer.

Para o chantilly, bater ligeiramente o creme de leite fresco com um batedor, depois acrescentar o açúcar de confeiteiro e o leite de coco bem frio. Com a ajuda de uma colher, colocar a musse de chantilly com coco em cada um dos copos. Salpicar com um pouco de pó de cacau, de coco ralado torrado ou de aparas de chocolate antes de servir!

TRUQUES DE PROFISSIONAL

EQUIPAMENTOS E TÉCNICAS

"À diferença da culinária salgada, em que o preparo e o cozimento se adaptam a numerosas liberdades quanto aos instrumentos, utensílios e recipientes de cozimento, a pâtisserie, pela sua exatidão, exige respeitar, além da estrita realização da receita, o uso e a utilização dos instrumentos e acessórios tal como recomendado. Todos os utensílios, ferramentas, recipientes e eletrodomésticos aqui citados são fáceis de encontrar, evidentemente nas lojas especializadas, mas também nas grandes lojas e nos supermercados, e com frequência a preços bem razoáveis. Cabe a vocês julgar! Para cada uma das técnicas apresentadas, indicamos o material utilizado. Essas técnicas são simples e podem servir para elaborar outras ornamentações. Deem livre curso à imaginação!"

EQUIPAMENTOS

ASSADEIRA COM BORDA, ASSADEIRA DE AÇO INOXIDÁVEL : suportes de trabalho para resfriar os cremes ou depositar os biscoitos.

BACIA DE COBRE : recipiente circular grande em que o metal conduz perfeitamente o calor. Indispensável para a elaboração do nugá, do pralinado, do cozimento com açúcar, dos caramelos.

BATEDEIRA : eletrodoméstico especialmente necessário para bater as claras de ovos em neve e misturar as gemas dos ovos com açúcar. A raquete da batedeira é um utensílio para misturar e bater os cremes ou misturas de modo a torná-los mais flexíveis do que com o batedor.

BATEDOR : instrumento elétrico ou manual que serve para bater os ovos ou os cremes.

CAÇAROLA DE BICO : recipiente cilíndrico para cozinhar, destinado à elaboração dos merengues.

CAIXINHA : pequena folha de papel cristal plissada cor de cacau, colocada por baixo dos doces individuais para a venda nas lojas.

COADOR : utensílio de cozinha cheio de pequenos furos destinado a filtrar o leite, etc. Na pâtisserie, é geralmente utilizado um coador fino.

COLHER DE SORVETE : instrumento usado para formar as bolas de sorvete ou de *sorbet*.

DESCASCADOR (ÉCONOME) : utensílio que limita a espessura da casca a ser retirada.

ESPÁTULA : instrumento de metal, madeira ou plástico em forma de pequena pá que permite misturar os produtos entre si.

ESPÁTULA LARGA DE METAL : instrumento profissional cortante, de metal, utilizado para obter as aparas de chocolate enroladas em forma de bastão.

ESPÁTULAS PARA BOLO : instrumento largo e achatado, para múltiplas aplicações, especialmente utilizado para espalhar os ganaches ou as massas de biscoitos.

FACA FLEXÍVEL (COMO A USADA PARA O FILÉ DE LINGUADO) : instrumento de corte utilizado para a confecção das flores de chocolate.

FÔRMAS LEVES PARA PÂTISSERIES : utensílios metálicos de formas e concepções variadas utilizados para assar no forno bolos, tortas e biscoitos. Uma fôrma de aço inoxidável de laterais removíveis é indispensável para assar um cheese-cake; uma fôrma de folha de flandres com fundo fixo, para assar as tartelettes; e uma fôrma de teflon, para as tortas e as madeleines.

FÔRMAS PARA SOUFLÊS (OU RAMEQUINS) : recipientes de porcelana branca indispensáveis para o cozimento no forno e/ou em banho-maria de alguns preparados, entre os quais o suflê.

FÔRMAS VAZADAS : instrumentos que permitem detalhar formas cortando com um único gesto um pedaço de massa ou de chocolate sobre uma folha ou uma placa.

GARFO : acessório de cozinha cuja utilização para mergulhar os bombons de chocolate exige certa habilidade.

GRELHA : acessório para deixar esfriar ou terminar de decorar os doces.

MIXER (OU LIQUIDIFICADOR) : eletrodoméstico de cozinha cuja função "misturar" se aplica, por exemplo, à mistura de ovos, e cuja função "bater" se aplica, por exemplo, ao alisamento do chocolate.

PAPEL-MANTEIGA : folhas de papel impermeável tratado com ácido sulfúrico, vendidas em rolos, a serem cortadas no tamanho das fôrmas ou das assadeiras para dispor as várias formas de massas cruas para biscoito.

PENEIRA : suporte sobre o qual é esticada uma rede (mais ou menos fina) de metal, têxtil, plástica, de fibra vegetal ou de vime. Permite filtrar os ingredientes em grãos, líquidos ou em pó (como amêndoas pulverizadas, creme inglês, farinha).

PINCEL DE COZINHA : instrumento com cerdas de sedas naturais, utilizado para untar as fôrmas (quando não são de teflon) ou para recobrir uma fôrma com chocolate (conforme a receita).

SACO DE CONFEITEIRO : conjunto de cozinha constituído por um funil colocado na extremidade de um saco de tecido utilizado para verter as massas ou os cremes e cuja embocadura, com formas e tamanhos variados, permite ornamentar as sobremesas. Os tamanhos de bicos necessários para a realização das receitas deste livro são respectivamente os de n°s 4, 5, 7, 8 e 9.

SONDA ELETRÔNICA : termômetro de cozinha eletrônico necessário para a avaliação e a aferição precisa das temperaturas de todos os cozimentos do açúcar, do caramelo e do chocolate.

SORVETEIRA : indispensável para centrifugar os sorvetes.

TERMÔMETRO : instrumento de medição indispensável para o cozimento do açúcar e do chocolate.

Técnicas
Fazer um ganache

Etapa 1

Etapa 2

INGREDIENTES (para 650 g)
220 g de creme de leite fresco
390 g de chocolate (54% de cacau)
35 g de manteiga fresca

EQUIPAMENTO
Caçarola
Batedor
Termômetro
Assadeira com bordas

Picar o chocolate bem fino (1). Esquentar o creme de leite (essa etapa pode ser acompanhada por um pouco de suco de frutas, café, chá, especiarias...). Colocar o creme quente entre 65 °C e 70 °C sobre o chocolate picado (2). Misturar e emulsificar delicadamente com o batedor (3) a fim de não permitir a formação de bolhas para melhor conservação. Acrescentar a manteiga e misturar delicadamente (4). Após obter uma textura homogênea e macia, verter o ganache sobre uma assadeira com bordas e reservar por algumas horas.

Conselhos
Evitar a umidade e as diferenças muito grandes de temperatura – o chocolate é um produto frágil que tem horror aos choques térmicos. É também muito sensível aos odores: cuidar de protegê-lo e reservá-lo em segurança. Um ganache pode ser guardado por 10 dias a 16 °C.

Etapa 3

Etapa 4

Técnicas
Fazer um glacê

Etapa 1

INGREDIENTES
100 g de chocolate (70% de cacau) picado
25 g de óleo vegetal

EQUIPAMENTO
Caçarola
Espátula
Termômetro
Grelha
Assadeira com bordas

Esquentar o chocolate picado em banho-maria para derretê-lo, em seguida incorporar 25 g de óleo vegetal. Utilizar o glacê na temperatura de 28 °C a 30 °C. Reservar.

Colocar o bolo sobre uma base plana, em seguida colocá-lo sobre uma grelha para permitir que o excedente do glacê escoe do bolo. Despejar o chocolate derretido sobre todo o bolo (1).

Espalhar bem a cobertura para que o glacê não fique espesso demais, alisar, em seguida raspar as bordas do bolo (2) e colocá-lo sobre um suporte definitivo. Deixar esfriar.

Etapa 2

TÉCNICAS
FAZER MOLDAGENS

INGREDIENTES
(Ver a receita do ganache, p. 176)

EQUIPAMENTO
Caçarola
Termômetro
Espátula
Pincel
Molde

Derreter 600 g de chocolate escuro amargo picado bem fino a 50 °C, ou a mesma quantidade de chocolate ao leite a 45 °C. Resfriar até 29 °C acrescentando 200 g de chocolate picado bem fino e misturar com a espátula. Aquecer novamente o recipiente para levar a massa a 31 °C. Proceder com muita delicadeza: o chocolate não gosta de choques térmicos.

No interiror de um molde na temperatura média de 22 °C, passar uma primeira camada fina de chocolate com um pincel. Deixar cristalizar levemente e recomeçar a operação com uma segunda camada (1). Para isso, utilizar uma espátula ou uma concha e raspar (2). Bater levemente sobre o molde para repartir uniformemente o chocolate e derramar o excedente de volta no recipiente. Deixar o molde virado para permitir uma boa cristalização e raspar cuidadosamente as bordas.

Recomeçar a operação na outra parte do molde. Deixar esfriar alguns minutos e guarnecer com ganache ou com pralinado maleável.

Grudar as duas partes do molde e deixar repousar no refrigerador durante pelo menos uma hora. Para a remoção do molde, assegurar-se do resfriamento completo, batendo levemente sobre o molde e verificando se as partes desgrudam. (3).

CONSELHOS
A temperatura ambiente ideal para trabalhar o chocolate é de 23 °C. Não esquecer que as favas de cacau provêm de países quentes.

Etapa 1

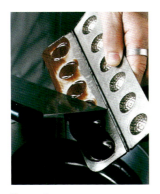

Etapa 2

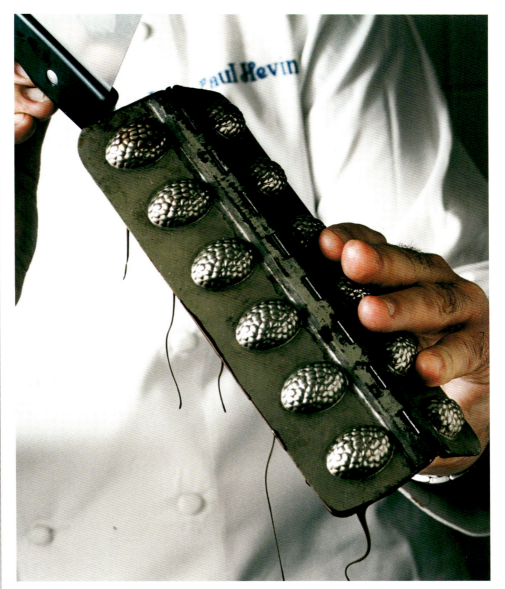

Etapa 3

TÉCNICAS
PREPARAR AS TRUFAS

Etapa 1

INGREDIENTE
Chocolate para cobertura

EQUIPAMENTO
Saco de confeiteiro
Papel-manteiga
Vasilha

Quando o ganache adquirir o seu aspecto maleável e brilhante (cristalizado), fazer, com a ajuda de um saco de confeiteiro, bolas de ganache (*ver receita na p. 176*) de 2 cm (1) e colocar sobre uma folha de papel-manteiga ou uma base de trabalho de mármore.

Quando as trufas estiverem suficientemente frias, mergulhá-las no chocolate temperado (*ver o método da temperagem na receita de Mendiants, na p. 56*) em seguida rolá-las no cacau em pó (2).

Deixá-las repousar alguns instantes dentro do pó de cacau e em seguida dispô-las delicadamente sobre uma peneira. Sacudir levemente para retirar o excesso de cacau em pó.

Etapa 2

TÉCNICAS DE ORNAMENTAÇÃO
As aparas

Etapa 1

Etapa 2

INGREDIENTE
Chocolate para cobertura

EQUIPAMENTO
Caçarola
Placa de mármore (ou superfície fria)
Espátula
Faca

Derramar o ganache (*ver receita na p. 176*) sobre o mármore (1). Espalhar com a espátula para obter uma fina camada regular (2).

Deixar endurecer levemente. Passar uma faca flexível orientada a 30° sobre o chocolate (3). Cortar em pedaços para obter as aparas (4).

Etapa 3

Etapa 4

Técnicas de ornamentação
As flores

Etapa 1

Etapa 2

INGREDIENTE
Chocolate para cobertura

EQUIPAMENTO
Placa de mármore
Fôrma vazada
Espátula

Tomar cuidado para que o mármore não esteja frio demais – a temperatura ideal é de 18 ºC. Verter sobre o mármore uma camada de chocolate temperado morno a 31 ºC (*ver o método de temperagem na receita de Mendiants, na p. 56*). Deixar endurecer um pouco. Com a ajuda de uma fôrma vazada redonda, apoiar com pequenos toques sobre a camada de chocolate para obter as pétalas (1).

Soltar os redondos de chocolate com uma espátula. Recomeçar a operação para obter várias formas redondas (2). Deixar repousar.

Depois de ter feito todas as pétalas, colocar um pouco de chocolate cristalizado a 31 ºC sobre uma folha de papel-manteiga (3).

Erguer as pétalas, dispô-las e colá-las sobre o chocolate cristalizado para formar uma flor (4). Para concluir, polvilhar com açúcar de confeiteiro.

Etapa 3

Etapa 4

TÉCNICAS
DE ORNAMENTAÇÃO
OS BASTÕES

Etapa 1

Etapa 2

INGREDIENTE
Chocolate para cobertura

EQUIPAMENTO
Placa de mármore
Espátula
Espátula larga de metal

Espalhar uma fina camada de chocolate temperado sobre o mármore com uma espátula (*ver a receita de temperagem em Mendiants, p. 56*). Deixar endurecer ligeiramente. Com a ajuda de um espátula larga de metal, riscar o chocolate e dividi-lo em tiras de 16 cm (1).

Cortar a camada de chocolate com o lado da espátula larga de metal (2), enrolar com um gesto ágil e rápido para formar os bastões (3). Tentar deixar os bastões com as formas mais regulares possível (4).

Deixar os bastões esfriando por uma hora no refrigerador.

Etapa 3

Etapa 4

GLOSSÁRIO

BOMBOM DE CHOCOLATE : Designa um bombom de chocolate (25%) mais ou menos volumoso e com formas e sabores diferentes, recheado com ganache, pralinado, nugá, ou com uma mistura de chocolates ou de frutas secas, amêndoas, etc.

CACAU : Fruto do cacaueiro, o cacau (*cabezza*, em espanhol) contém uma polpa branca e ácida recheada de grãos ou favas recolhidas quando o fruto está bem maduro.

CACAU EM PÓ : Obtido por trituração ou moagem das tortas de cacau após a extração da manteiga de cacau, esse cacau é rico em matérias gordurosas. Não confundir com o pó de chocolate, que contém farinha, açúcar, leite e é utilizado para a preparação de bebidas quentes ou frias.

CACAUEIRO : Árvore de porte médio, frágil, sensível ao clima, aos insetos, aos fungos e aos cogumelos vegetais. Oficialmente batizada em 1737 pelo naturalista sueco Carl von Linné como *Theobroma cacao* ("alimento dos deuses"); originário da América Central, o cacaueiro é hoje cultivado em outras regiões tropicais úmidas. Seu fruto é o cacau.

CARAQUE : Variedade de chocolate preparado a partir de favas selecionadas.

CHOCOLATE : Produto obtido por meio da transformação e da combinação de cacau e açúcar. 100 g de chocolate contêm 63 g de glicídios, 30 g de lipídios, 3 g de proteínas, sais minerais (potássio, fósforo, magnésio) e as vitaminas B1, B2, PP, C...

CHOCOLATE AO LEITE : Criado pelos suíços em 1875, o chocolate ao leite é obtido pela transformação e a combinação cuidadosa de cacau, açúcar, leite ou produtos derivados. Esse tipo de chocolate é o mais consumido no mundo.

CHOCOLATE BRANCO : Produto obtido a partir da manteiga de cacau (20%), à qual acrescentam-se leite, açúcar e produtos à base de leite.

CHOCOLATE DE COBERTURA : Reservado aos artesãos (chocolatiers, pâtissiers, confeiteiros), vendido frio em bloco ou entregue quente e líquido em recipientes, esse chocolate "técnico", rico em manteiga de cacau e pouco açucarado, é utilizado com mais frequência para o glacê das sobremesas e doces e para envolver os bombons de chocolate.

CHOCOLATE DE ORIGEM OU "CRUS" : Uma qualidade característica de chocolate resulta da qualidade das favas originárias de uma região definida e do cuidado com que são realizadas as diferentes etapas de transformação dessas favas. Feitos com favas negras, brilhantes e uniformes, duras de serem quebradas ou cortadas, oleosas, fortes, os chocolates de origem são aqueles cujas especificidades ressaltam melhor na preparação de sobremesas sem cozimento. Os chocolates de origem mais apreciados são obtidos a partir de favas finas da Venezuela, das pequenas favas achatadas de Trinidad, das favas amargas da Guiana ou ainda das favas ligeiramente defumadas da Martinica.

CHOCOLATE EM TABLETE : Forma moldada mais corrente (34% da produção dos produtos acabados de chocolate), designa inúmeras variedades de chocolate, como o chocolate escuro amargo superior, superfino, extrafino, amargo ou muito amargo, o chocolate ao leite, o chocolate caseiro ou o chocolate para derreter, o chocolate branco, o chocolate fondant, os chocolates com avelãs, amêndoas, uvas-passas, etc.

CHOCOLATE ESCURO AMARGO : Composto em mais da metade de pasta de cacau, o chocolate escuro amargo é certamente a referência dos verdadeiros amantes do cacau, e sua porcentagem mais ou menos elevada, até 99%, indica o grau de amargor.

CLAREAR : Misturar os ingredientes para que a preparação cresça e fique mais clara (geralmente gemas de ovos com açúcar ou manteiga com açúcar).

COBERTURA (OU UMEDECIMENTO) : Sistema que permite recobrir um bombom de chocolate com uma camada de chocolate de cobertura.

CONFEITAR : Depositar um produto alimentar com a ajuda de um saco de confeiteiro munido de um bocal.

CONSERVAÇÃO : O chocolate e o cacau temem o calor, o frio e a umidade. Como as temperaturas ideais de conservação se situam entre 15 e 18 ºC, a refrigeração é definitivamente proibida!

CRISTALIZAÇÃO : É a passagem do estado líquido para o estado sólido do chocolate. Uma boa cristalização proporciona brilho homogêneo, textura crocante e sua característica na degustação. Todas essas apreciadas qualidades poderão se degradar rapidamente em virtude de uma má temperagem, de um choque de calor. A prova mais visível da cristalização recém-realizada é o "esbranquiçado" de um chocolate escuro amargo.

FARINHA DE TRIGO TIPO T45 : Farinha para pâtisserie. Mais refinada e branca, adequada para a confecção de massas muito leves e bastante fofas. Pode ser adquirida em casas especializadas.

FAVA : É o grão extraído do fruto do cacau e que, após a fermentação, secagem, torrefação, moagem, adição de açúcar, de manteiga de cacau, purificação, refinação e temperagem adquirirá sua forma sob o nome de chocolate.

FERMENTAÇÃO : Depois de colhidas, as favas de cacau são amontoadas durante uma semana, o que provoca uma fermentação alcoólica e asséptica. É recomendado revolver as favas regularmente para evitar a perda de sabor natural e qualquer germinação.

FIRMAR : Acrescentar açúcar antes de terminar de bater as claras em neve.

GANACHE : Creme para glacê ou para rechear criado em meados do século XIX pelo pâtissier parisiense Giraudin, à base de chocolate aromatizado com café (solúvel), com chá, com baunilha... e creme de leite fresco. Misturado, com o batedor, numa proporção de um terço de chocolate escuro amargo derretido, um terço de manteiga (ou de leite) e um terço de creme fresco, e levado à ebulição, o ganache pode ser aromatizado ou conter polpa de frutas.

GIANDUIA : Especialidade italiana, mais precisamente da cidade de Turim, desenvolvida em 1806 num contexto de pobreza e em seguida enriquecido com creme em 1867 pelos pâtissiers Prochet & Gay. Deve seu nome a um personagem do folclore popular de Turim chamado Gioan d'la douja (que podemos traduzir como "João, o brincalhão") tradicionalmente vestido de marrom. A gianduia é uma mistura de avelãs selvagens do Piemonte tostadas, moídas com açúcar de confeiteiro e chocolate.

MANTEIGA DE CACAU : Gordura extraída da pasta (ou massa) do cacau que não aumenta o colesterol e entra na composição de pelo menos 20% do chocolate escuro amargo, do chocolate ao leite e do chocolate branco. A manteiga de cacau é o principal ingrediente, que contém a maior parte das substâncias aromáticas características do chocolate, e que, desde o dia 3 de agosto de 2003 (diretriz europeia 2000/36/CE),

pode ser substituída em até 5% por outra gordura vegetal – uma prática corrente na Europa, mas até então proibida na França, na Itália e na Espanha, as grandes nações consumidoras de chocolate.

MERENGUE : Claras de ovos batidas em neve às quais se acrescenta açúcar. Deve ser assado (seco) em forno brando.

MOAGEM : Quebradas e descascadas, as favas torradas são em seguida trituradas a quente entre 50 °C e 60 °C e transformadas em pasta de cacau líquida muito amarga, dita também "licor de cacau". Essa pasta ou massa de cacau é prensada para extrair a manteiga de cacau. Da massa restante prensada ou (torta de cacau) obtém-se o cacau em pó.

MUSSE : Dispersão de bolhas de ar numa mistura sólida ou líquida. As claras de ovos batidas resultam em uma musse líquida. A mistura de claras de ovos batidas em neve com chocolate origina uma musse sólida.

NUGÁ : Mistura de açúcar caramelizado e amêndoas torradas, classicamente utilizado em pâtisserie e em chocolataria como decoração ou recheio.

PASTA DE AMÊNDOAS : Pasta altamente energética, obtida a partir de amêndoas brancas cortadas e moídas com açúcar e claras de ovos. Reconhecida como a base de toda a pâtisserie oriental e árabe, a pasta de amêndoas – que em sua forma mais sólida, mas ainda maleável, adquire o nome de "marzipã" – pode ser utilizada ao natural ou aromatizada com flores de laranjeira ou pistache...

PASTA DE CACAU : Matéria prima do cacau, obtida por trituração das favas fermentadas, torradas e descascadas.

PELAR : Ação de retirar a pele fina que recobre algumas frutas (amêndoas, pêssegos, etc.) mergulhando-as por alguns minutos em água fervente.

PENEIRAR : Passar a farinha, o açúcar de confeiteiro, o cacau em pó, a fécula através de uma peneira mais ou menos fina.

PRALINADO À MODA ANTIGA : Mistura de xarope de açúcar e de amêndoas ou de avelãs, ou ambas juntas, cozinhadas em fogo baixo até a obtenção de um caramelo, que quando resfriado será mais ou menos finamente moído. O pralinado não tem nada que ver com a pralina francesa (uma amêndoa envolvida com açúcar caramelizado) criada pelo cozinheiro do marechal-duque de Plessis-Praslin, embaixador do rei Luís XIII, nem mesmo com a pralina belga, bombom de chocolate ao leite forrado com um pralinado industrial desenvolvido em 1912 pelo chocolatier belga Jean Neuhaus.

PURA MANTEIGA DE CACAU : Rótulo criado oficialmente pelo Movimento de Defesa do Chocolate, impresso em todos os produtos de chocolate isentos de outras gorduras vegetais que não a manteiga de cacau.

REFINAÇÃO (OU MALAXAÇÃO) : Última atividade na fabricação técnica do chocolate, a refinação consiste em malaxar a quente, entre 45 ºC e 90 ºC, a manteiga ou o cacau em pó, misturado com o açúcar, até mesmo com o leite ou com outros ingredientes (avelãs, frutas, especiarias, álcool...), em cubas imensas. Vinte e quatro horas mais tarde, a mistura obtida – ou "chocolate" – está pronta para ser utilizada, moldada, etc.*

RESFRIAR O CHOCOLATE SOBRE A MESA MEXENDO COM UMA ESPÁTULA (TABLAGE) : Com a mixagem, é uma das técnicas para uma boa temperagem do chocolate.

SECAGEM : Processo realizado após a fermentação e antes da torrefação; a secagem permite reduzir a umidade contida nas favas de cacau.

TEMPERAGEM : Seu princípio é o de respeitar (em especial por ocasião de um tablage) uma curva de temperatura precisa em função do tipo de chocolate utilizado. Um chocolate bem temperado mantém seu aspecto brilhante e cristaliza de maneira uniforme. A temperagem condiciona diretamente o resultado da cristalização do chocolate.

TORREFAÇÃO : Ação de transformar a fava do cacau, com o objetivo desenvolver o aroma e a cor da fruta, facilitando ao mesmo tempo a separação da amêndoa e da casca.

VARIEDADES DE CACAU : Existem três variedades principais de cacau: o *criollo*, o forasteiro e o trinitário.

XAROPE DE GLICOSE : Os xaropes de glicose são obtidos por hidrólise ácida ou enzimólise de amido. Apresentam-se em geral sob a forma de um líquido incolor viscoso, mas podem ser igualmente utilizados sob a forma de pó. Também são muito utilizados em produtos de confeitaria como os caramelos.

---

* Esse processo elimina parte da umidade e da acidez e é quando o aroma e o sabor do chocolate são desenvolvidos. (N. T.)

BIBLIOGRAFIA
AGRADECIMENTOS

ALBERICI, Annalisa.
Um amour de biscuit.
Paris: Gentleman, 1990.

ALTMANN-LOOS, Elsie.
Recettes et souvenirs de Vienne.
Paris: Hazan, 1986.

BERKENBAUM, Philippe &
MAHOUX, Frédéric. *Biscuits.*
Paris: Casterman, 1994.

DESEINE, Trish.
Je veux du chocolat!
Paris: Marabout, 2002.

FELDER, Christophe.
Exquises pâtisseries pour les fêtes.
Paris: Chêne, 1999.

GIRARD-LAGORCE, Sylvie.
Envies de bonbons.
Paris: Flammarion, 2003.

HARWICH, Nikita.
Histoire du chocolat. Paris:
Desjonquères, 1992.

RICHART, Michel.
Chocolat, mon amour.
Paris: Somogy, 2001.

TOUSSAINT-SAMAT, Maguelonne.
La très bonne et très exquise histoire des gâteaux et des friandises.
Paris: Flammarion, 2003.

VIÉ-MARCADÉ, Blandine.
Le savoir-vivre du chocolat.
Paris: Minerva, 1999.

O editor e Jean Cazals desejam agradecer:

Na França:
ASTIER DE VILLATTE,173, rue Saint-Honoré, 75001 Paris. BO, 8, rue Saint-Merri, 75004 Paris. LE BON MARCHÉ, 24, rue de Sèvres, 75007 Paris. CHOME, 60, rue Vieille-du-Temple, 75003 Paris. SUZANNE ERMANN, 29, rue de Tournon, 75006 Paris. EUCHARIS, 38, passage Choiseul, 75006 Paris. SANDRINE GANEM, 16, rue de l'Odéon, 75006 Paris. LES MARBRIERS-FAÇONNIERS http://www.marbriers-faconniers.com. MAROTTE GLASSHOUSE, 47, rue Eugène-Berthoud, 93402 Saint-Ouen. LE RINTEMPS, 64, bd Haussmann, 75009 Paris. QUARTZ, 12, rue des Quatre-Vents, 75006 Paris. ÉDOUARD RAMBAUD, 28, rue Madame, 75006 Paris. SENTOU GALERIE, 26, bd Raspail, 75006 Paris. XANADOU, 10, rue Saint-Sulpice, 75006 Paris

No Japão:
SUGAHARA, 3-10-18, Kita-aoyama Minatoku, Tóquio

Na Itália:
RINA MENARDI, Via Manin 14, 30020 Gruaro Veneza

ENDEREÇOS

Jean-Paul Hévin :

Boutique et Salon de thé
Jean-Paul Hévin
231, rue Saint-Honoré
75001 Paris
Tel.: 01 55 55 35 96

Boutique Jean-Paul Hévin
3, rue Vavin
75006 Paris
Tel.: 01 43 54 09 85

Boutique Jean-Paul Hévin
23 bis, avenue de la Motte-Picquet
75007 Paris
Tel.: 01 45 51 77 48

Boutique on-line Jean-Paul Hévin
www.jphevin.com

Endereços úteis :

BHV Paris (utensílios e batedeiras)
52, rue de Rivoli
75004 Paris
Tel.: 01 42 14 90 00

G. Detou (mercearia fina e venda de
produtos especiais por quilo)
58, rue Tiquetonne
75002 Paris
Tel.: 01 42 36 54 67

La Grande Épicerie de Paris
38, rue de Sèvres
75001 Paris
Tel. : 01 44 39 81 00

Izraël (produtos exóticos)
30, rue François-Miron
75004 Paris
Tel: 01 42 72 66 23

Lafayette Gourmet
48, boulevard Haussmann
75009 Paris
Tel.: 01 42 82 34 56

Mora (material de cozinha)
13, rue Montmartre
75001 Paris
Tel. : 01 45 08 19 24

ÍNDICE

Os números em **negrito** indicam as receitas

A

Amêndoas em lascas 118

Anis estrelado 54

Aparas (ornamentação) 181

Avelãs 60

B

Banho-maria 52, 56, 70, 104, 140

Banyuls 166

Bastões (ornamentação) 183

Bernhardt, Sarah 68

Biscoito 120

Biscoito dacquoise 102

Biscoito de Gênova 120

Biscoito de Saboia, 120

Biscoito extra-amargo 106

Biscoito macaron 74

Bolo com especiarias e mel **88**

Bolo com frutas (bolo inglês) **94**

Bolo de chocolate **95**

Bolo de Reis 76

Bolo de Reis com chocolate **78**

Bombas (éclairs) de chocolate **100**

Bonnat, Félix 72

Brownies **90**

Bûche de Nöel 72, **74**

C

Cacahuatl 32

Cacau 31

Cacaueiro 20, 36

Cadbury, George 35

Calda coada 142

Calda de chocolate 130, 146, 164

Canapés de cacau e parmesão **157**

Caramelo 118, **160**

Caramelos de chocolate **160**

Celtas 72

Cerejas 148

Chaillou, senhor 33

Cheese cake **124**

Chérelle **98**

Chocolate quente **132**

Clafoutis **148**

Cloche moulée **70**

Colombo, Cristóvão 31

Compressões pascais 67

Copo de vidro com chocolate e coco **168**

Cosmetologia 48

Creme de chocolate escuro

amargo 158

Creme chantilly 144, 158

Creme chantilly com leite de coco 168

Creme de amêndoas 78

Creme de confeiteiro de chocolate 100, 110

Criollo 25, 38

D

Dietético 48

E

Écuador **102**

Epifania 76

Equipamento 174-175

Espetinhos de frutas frescas com chocolate **164**

Espuma de frutas **136**

F

Fabergé, Carl 67-68

Fazer aparas 181

Fazer bastões 183

Fazer flores 182

Fazer moldagens 178

Fazer um ganache 176

Fazer um glacê 177

Festas 63-64

Florentinas **118**

Flores esculpidas **52**

Flores (ornamentação com) 182

Forasteiro 25, 38

Formação da torta de cacau 23

Frangipana 76

Frutas frescas 164

Frutas recobertas com chocolate **58**

Frutas secas 56

G

Ganache 74, 102, 104, 112, 115, 122, 176

Ganache de maracujá 114

Gengibre cristalizado 58

Gianduia ou gianduja 33

Glacê 177

Glacê com parmesão 157

Guimauve marshmallow **156**

I

Inovações em pâtisserie 82, 154

J

Japão 16

Jongerius, Hella 48

K

Kohler, Charles-Amédée 35

L

La Vieille France 72

Laranjas cristalizadas, casca de 58, 106

Lindt, Rodolphe 35

M

Macaron 112

Macarons chocolat à ma passion **114**

Madeleines 84-85, **86**

Manteiga de cacau 157

Manteiga para folhado de cacau 78, 110

Massa de sablée 122

Massa doce 115, 124

Massa doce de chocolate 126

Massa para bombas 100

Mel 88

Mendiants **56**

Menier, Émile 35

Merengue francês **92**, 102, 146

Merengue italiano 98, 114

Mil-folhas **110**

Mil-folhas gelado **132**

Milk-shake **158**

Moagem 23

Moldagens 178

Moscatel (rivesaltes) 166

Muffins **162**

Museu do Macaron e da Amêndoa 112

Musse de chocolate 98, 102

Musse de chocolate com laranja 106

Musse de chocolate crocante **138**

N

Néctar das Índias 31, 33

Nestlé, Henri 35

Norma europeia 40

Nozes-pecã 90

Nuage des dieux **146**

Nugá **88**

Nugá de chocolate 144

O

Ovos de Páscoa 67-68

P

Páscoa 63, 67

Pera Belle-Hélène **144**

Pérolas de chocolate **54**

Peter, Daniel 35

Petits-fours **150**

Polpa de framboesas 136

Polpa de lichias 136

Ponche **150**

Porto 166

Pote de chocolate **140**

Pralinados **60**

Preparar as trufas 180

Produção mundial de cacau 40

Proust, Marcel 82, 84-85

Q

Quebra do coco do cacau 20

R

Refinação 23

Reis magos 76

Rei Sol 33

Rum escuro 94

S

Sablés **122**

Sacher, Franz 35

Safi **106**

Salão do Chocolate 12-14

Secagem 20

Sorbet de cacau **142**

Sorbet de framboesa **142**

Suchard 35

Suflê **134**

T

Tartelettes de chocolate **126**

Tartelettes de chocolate com maçãs **115**

Temperagem 23-25

Torrefação 20-22

Trinitário 25, 38

Tronco de Natal 72, **74**

Trufas **50**

V

Van Hoeten, Coenraad 23, 35

Vinho 166-167

X

Xerez 166

Xocoatl 32

Y

Yule, festa do solstício de inverno 72

AGRADECIMENTOS

Quando pequeno, nada me predestinava a me tornar um chocolatier, mas desde os meus primeiros passos na escola de pâtisserie fui conquistado por todas as possibilidades criativas que essa maravilhosa profissão oferecia. Meu caminho foi marcado por muito trabalho e determinação, por alegrias e decepções, mas foi igualmente pontuado de encontros e intercâmbios. Assim, desejo sinceramente agradecer às pessoas que me encorajaram e acompanharam durante todos esses anos.

Inicialmente um muito obrigado a esses homens talentosos que me transmitiram a sua paixão e dos quais guardo na memória os bons conselhos; particularmente a M. Goupil, meu professor na École de Paris des Métiers de la Table (EPMT) de Laval, que me deu o gosto pela profissão, e a Michel Foussard, MOF (Meilleur Ouvrier de France) pâtissier, com quem eu realizei minha formação e quem me transmitiu sua habilidade. Joël Robuchon, meu mestre, com quem descobri como a cozinha podia elevar-se ao nível da arte. E M. Peltier, por ter sido o primeiro a me confiar a responsabilidade de um laboratório e permitido que eu aprofundasse meus conhecimentos em matéria de doces.

O fruto dessa aprendizagem não teria, talvez, ultrapassado as paredes do meu laboratório se algumas pessoas não valorizassem o meu trabalho. Alain Gabrielli, arquiteto e também grande mestre de caratê, criou para as butiques Jean-Paul Hévin em Paris um universo sóbrio e elegante, à imagem de meus produtos. Nathalie George, designer, mulher culta e de bom gosto, criou a imagem da casa, desenvolvendo a identidade visual e a embalagem, em que o famoso quadrado azul reproduz a logomarca. Jean Oddes, diretor artístico imprevisível e fantástico, me deu a inspiração necessária para me renovar e me ultrapassar sem cessar. Quentin Bertoux, fotógrafo epicurista, imortalizou com poesia as minhas criações efêmeras. Sem esquecer Lisa Kajita, assessora de imprensa astuta e eficaz que divulga a atração irresistível dos meus chocolates, e Florent Jabot, demonstrador entusiasta da Casa Jean-Paul Hévin, ambos ativos participantes na criação deste livro.

Gostaria também de agradecer aos meus fiéis companheiros de laboratório: o chef Jean-Michel Bougrain; seus assistentes, Alexandre Verrier e Nicolas Koerber; também aos responsáveis pelas butiques. Aos meus colaboradores Tristan de Pontevès, Marie-Christine e Dominique Brajard. A associações como o Club de Croqueur de Chocolat e os Relais Desserts Internacional, que trabalham pela defesa da qualidade. A Sylvie Douce e François Jeantet, criadores e organizadores do Salão do Chocolate nos quatro cantos do mundo. A M. Takaki, presidente do Grupo Andersen, meu sócio japonês; e a Akiko Yoda, a "voz japonesa" sem a qual a implantação das butiques em meu segundo país de predileção não poderia ser o que é hoje.

E, certamente, à minha família e toda a minha equipe, sempre dispostas a saborear e criticar minhas novas receitas.

JEAN-PAUL HÉVIN